U0070424

要當獅子就別與老鼠爭鋒

成功者只做最重要的事

*To change the future,
you gotta put your past behind you*

王郁陽
暖光源工作室　著

吱

世上有許多「解決小問題」的「老鼠型」人物，

但也有「解決大問題」的「獅子型」人物。

你，想成為「老鼠」還是「獅子」？

要當獅子就別與老鼠爭鋒

成功者只做最重要的事

目 錄

要當獅子就別與老鼠爭鋒
成功者只做最重要的事

要當獅子就別與老鼠爭鋒
成功者只做最重要的事

前言

一、一則偉大的寓言故事：

在森林裡的一個角落，一隻老鼠向一頭雄獅發起挑戰，要和牠一決高下，而那頭雄獅果斷拒絕了。老鼠一臉得意的樣子說：「怎麼，你是不是害怕了？」那頭雄獅微笑著答道：「是的，我真的很害怕，如果我答應你，你就可以得到曾經與獅子比武的殊榮，而我呢？以後森林裡所有的動物都會恥笑我竟和老鼠打架。」

二、真正的寓意所在：

與老鼠比賽的麻煩在於，即使你贏了，也只是贏了一隻老鼠，僅此而已。當然，本書中提到的「老鼠」是寓指那些能力平庸、思想狹隘、只知道低頭做事而沒有明確目標的人物。由於生活中的的確確存在這樣的人，所以，你如果總與一個不是同一層級的人爭執不休，就會浪費自己很多的資源，降低人們對你的期望，並在無意中提升了對方的層次。

對於與低層次的人較量，大人物是不屑一顧的。

威廉‧詹姆斯說：「明智的藝術就是清醒知道該忽略什麼的藝術。」如果一個人過於努力想把所有事情都做好，那麼他就不會把最重要的

事做好。一個人對瑣事的興趣越大，對大事的興趣就會越小；而非做不可的事越少，越少遭遇到真正的問題，人們就越關心瑣事。你會因此而付出沉重的代價。

你應該在工作和生活中找出最有價值的人和事物，並為之投入充分的時間和精力，進而好好享受這份體驗以及相關的人和事物。這個道理雖簡單，卻是邁向成功人生最重要的基礎。

義大利著名經濟學家帕累托曾提出「極其重要的少數和無關緊要的多數」理論。這一理論適用於各個領域，例如政治上極其重要的少數國家主宰了無關緊要的多數國家的命運；經濟上極其少數的人的財富超過了無關緊要的多數人的財富；文化上極其重要的少數作品留傳下來而淘汰了無關緊要的絕大多數的作品等等。

可見，對於一個人而言，他的一生中可以有許多問題或決策，但是只有極其重要的幾個問題和決策是決定他一生的。

三、關於本書的宗旨：

人生是極其短暫的，要把有限的時間投入到重要的事情上，就必須具備「不和老鼠比賽」的本領。本書正是針對這一點，從生活中提煉出七項法則，供想成為強者的人士參考，它會教你如何啟動智者的思維來推動自身的發展；它會讓你擺脫「和老鼠比賽」的麻煩，做「一頭威猛的、不可抵擋的雄獅」。

編　者

法則一　第一流的人做第一流的事

　　第一流的人沒有時間可以像凡夫俗子一樣浪費，他要以並不長的生命，完成許多第一流的事。

01
······

第一流的人不為小事所擾

在森林裡，一隻老鼠向一頭雄獅發起挑戰，而那頭雄獅果斷拒絕了。

老鼠得意的說：「你是不是害怕了？」

雄獅微笑著答道：「是的，我真的很害怕，如果我答應你，你就可以得到曾經與獅子比武的殊榮，而我呢？以後森林裡所有的動物都會恥笑我竟和老鼠打架。」

與老鼠比賽的麻煩在於，即使你贏了，也只不過是贏了一隻老鼠。

威廉‧詹姆斯說：「明智的藝術就是清醒知道該忽略什麼的藝術。」如果一個人過於努力想把所有的事都做好，那麼他就不會把最重要的事做好。我們應放棄那些不太重要的事而去做最重要的事情，這並不是一種犧牲，而是一種智慧，一種明智的選擇。

當然，本書中提到的「老鼠」是寓指那些能力平庸、思想狹隘、只知道低頭做事而沒有明確目標的人物。

在我們的周圍，的確存在著這樣的「老鼠」，他們總是努力想把身邊的每一件事都做好。他們每天的生活雜亂無章，找不到自己前進的方向。他們並不懂得：一個第一流的人永遠都把最重要的事放在第

一位，第一流的人永遠「不和老鼠比賽」。

迪斯雷利說：「生命太短促了，不能再只顧小事。」事實上，抓住了大事，小事自然會照顧好。一流的人物大都具備無視「小事」的能力，在通往成功的奮鬥之路上，他們是不會對路邊「小老鼠」的挑戰而太在意的。「如果要先搬走所有路上的障礙再行動，那你什麼也做不成。」他們深深懂得這一道理。

安德列 · 摩瑞斯在美國雜誌裡說：「我們常常讓自己因為一些小事情、一些應該不屑一顧和忘卻了的小事情弄得心煩意亂……我們活在這個世上只有短短的幾十年，所以我們不該浪費那些不可能再補回來的時間。丟棄那些纏繞你思想的小事，讓我們把精力放在值得做的行動和感覺上，去設定偉大的目標，去經歷人生的風雨，去做你必須要做的事情吧。」

一個人每天都有很多的事情要做，有大事，有小事，有令人愉快的事，也有令人心煩意亂的事。但是哪些事才是你最重要的呢？不弄明白這個問題，你就會在很多小事上浪費許多精力，空耗許多時間，結果只會令你身心疲憊。

我們來看下面這則故事：

一九四五年三月，在中南半島附近海下的潛水艇裡，美國青年羅勃 · 摩爾深深體會到了生命的重要意義。

當時，摩爾所在的潛水艇從雷達上發現一支日軍艦隊朝他們開來，他們向日軍艦隊發射了幾枚魚雷，但沒有擊中任何一艘軍艦。這

要當獅子就別與老鼠爭鋒
成功者只做最重要的事

個時候，日軍發現了他們，一艘布雷艦直朝他們開來。三分鐘後，日軍的六枚深水炸彈在他們的四周爆炸，爆炸所帶來的力量，把他們推到海底兩百七十六英尺的地方。深水炸彈不停投下，整整持續了十幾個小時。

指揮官命令所有的士兵靜躺在自己的床上，保持鎮定。當時的摩爾嚇得不知如何呼吸，他不停對自己說：這回死定了……潛水艇內的溫度達到攝氏四十多度，可是他卻怕得全身發冷，一陣陣冒虛汗。

最後，攻擊停止了，顯然是那艘布雷艦在用光了所有的炸彈後走開了。而摩爾的感覺就像做了一場噩夢，他過去的生活一一浮現在眼前，那些曾經讓他煩擾過的無聊小事更是記得特別清晰——沒錢買房子，沒錢買汽車，沒錢買好衣服給妻子，還有為了點芝麻小事和妻子吵架……

但是，這些繁瑣的事，在深水炸彈威脅生命時，顯得那麼荒謬、渺小。摩爾對自己發誓，如果他還有機會活著的話，他永遠不會再為這些小事憂愁了！

這是摩爾一生中對生命的最深刻認識，那一刻讓他領悟到生命的真正意義！的確，如果總是讓微不足道的小事吞噬我們的心靈，這種不愉快的感覺會讓我們可憐的度過一生，這樣的人生也一定單調、乏味至極。

事實上，很多人通常都能夠勇敢面對生活中那些大的危機，可是，卻會被一些小事搞得垂頭喪氣。我們主觀上並未想將事情搞得一

團糟，結果弄得整個人都很頹喪，究其原因，只不過是我們都誇大了那些小事的重要性。

因此，你想克服被一些小事所引起的困擾，就必須要把你當時當地所產生的諸多看法和重點，予以適當轉移。

荷馬‧克羅伊是一個著名的作家。以前他寫作的時候，常常被紐約公寓熱水燈的響聲吵得發瘋。那裡的水蒸氣會砰然作響，然後又是一陣「嗶嗶」的聲音——而他會坐在書桌前，氣得直喊叫。

「後來，」荷馬‧克羅伊說，「有一次我和幾個朋友一起出去露營，當我聽到木柴燒得很響時，我突然想到：這些聲音多麼像熱水燈的響聲，為什麼我會喜歡這個聲音，而討厭那個聲音呢？我回到家以後，跟我自己說：『火堆裡木頭的爆裂聲，是一種好聽的音樂，熱水燈的聲音也差不多，我該埋頭大睡，不去理會這些噪音。』結果，我果然做到了：前幾天我還會注意熱水燈的聲音，可是不久我就把它們整個忘了。」

在生活的每一天裡，我們也可能遇到過類似的情景，因為一點小事而影響了我們的心情，從而也失去了抓住時機做大事的可能性。

從前面的寓言中，我們可以看出，如果一頭雄獅總是和一些小老鼠糾纏在一起，時間久了，牠就會漸漸喪失自己原有的戰鬥力，最終只會被這個適者生存的自然環境所淘汰。

要記住：第一流的人是對那些無足輕重的事情無動於衷的人，他們永遠不會為小事所困擾。

02
第一流的人絕不輕視自己

第一流的人不為小事所困擾，他們知道做了太多的小事，只會讓自己滯留於平庸狀態之中。如果一個人養成了長期做小事的習慣，他們就會對自己的能力有所懷疑，甚至會因此而輕視自己。

你要記住，一個第一流的人是絕不會輕視自己的，任何時候，任何地點，他們都「不會和老鼠比賽」。

在我們生活的周圍，卻有很多人不是這樣做的。他們養成了妄自菲薄的習慣，他們總是說些「這樣的事我做不了」、「我真的不行」之類的話語。要知道，一句自我批評的話語，其毀滅的力量十倍於一句別人批評的話語。經常說自己不好的人，最後會相信自己所說的話。一旦他們相信自己所說的話，就會淪為平庸之輩，他們最終只會「和老鼠比賽」。

如果你總認為自己弱小、無能、會失敗、低人一等，那麼你註定要成為「一隻老鼠」，因為你自己從未想過要做「一頭雄獅」。

你要成功，你就要相信自己是一流的，無論發生什麼事情，你都要始終相信自己。在工作中，你要覺得自己很重要、能力很強，你是屬於第一流的，這樣你的工作成績必定更加顯著。如果你這樣想，就一定會對未來更加充滿信心。

法則一 第一流的人做第一流的事
02 第一流的人絕不輕視自己

　　世界游泳冠軍摩拉里很小的時候，心中就對奧運會充滿了夢想，夢想著即將到來的成功。一九八四年，一個機會出現了。在洛杉磯奧運會上，他在自己擅長的游泳項目中取得了優異的成績。但他只拿了亞軍，冠軍的夢想並沒有實現。但是他沒有放棄，他要奪取一九八八年漢城奧運會金牌。可是，他的夢想在奧運會預選賽時就煙消雲散，他竟然被淘汰了。

　　之後，他把這份夢想深埋心中，跑到康乃爾去念律師學校。有三年的時間，他很少游泳，可是他心中始終有股烈焰，他相信自己是第一流的人物，他一定會再一次拿到奧運會冠軍。此時，離一九九二年巴塞隆納奧運會比賽不到一年的時間，摩拉里決定再次參加奧運會。很多人認為，在游泳這項屬於年輕人的賽事中，他算是高齡，看上去就像是拿著長矛戳風車的現代唐吉訶德。他想贏得一百公尺蝶泳賽的想法簡直愚不可及。

　　事實上，摩拉里也認識到了這一點，他知道每個參賽選手都是一流的，但是他也知道自己也是一流的。他始終保持著這種自信的心態，不斷加強想像，不停訓練，他在心中仔細規劃賽程。直到後來，不用一分鐘，他就能將比賽從頭到尾，像清澈水晶般仔細看過一遍。他的速度會占盡優勢，他希望能超越自己的競爭者，一路領先。

　　那一天，他真的站在領獎台上，頸上掛著令人驕傲的金牌。憑著他的積極心態，摩拉里實現了自己的冠軍夢。

　　我們從摩拉里的身上可以看到，這種信心十足的積極心態，是讓

要當獅子就別與老鼠爭鋒
成功者只做最重要的事

體壇明星出成績的首要保證。

如果你小看自己，總覺自己很渺小，什麼也不行，那麼你已失去了活力。你需要重新振作起來，重新認識自我，要把自己看成是第一流的人物，對自己要真誠信賴。

下面這個「自我激勵法」十分有效，如果你能按照它的指示一步步認真做下去，一定會讓你的精神重新振作起來。

首先，認真回答：「什麼是我最優良的品質？」此時此刻的你，要百分百靜下心來，客觀審視自己，不要為了回答這個問題而急於去描述自己。

其次，把你的這些優點寫在紙上。然後，再次放鬆神經，並努力排除一切雜念，一心一意想著你就是那個具備這些優良品質的人。

第三，每天至少要大聲朗讀一次你的那些優良品質。如果你在一面鏡子之前這樣做，效果更佳。有力的重複你的這些優良品質，會使血液加快迴圈，讓自己熱情起來。

第四，每當感覺意志消沉時，複習一遍那些你寫在紙上的內容。

最後，永遠堅信這一激勵方法的有效性。永遠不要受世俗觀念的影響，記著自己是具備那些優良品質的人，不是一個凡夫俗子。你心中的自我偉大一些，你也會隨之變得偉大。

當你做了這些練習時，你會發現你至少在某個方面超越了很多人，你已經脫離了以往「和老鼠比賽」的模式。

你也因此會得出這樣一個結論：你比你想像中的自我要偉大的多。

現在，就讓你的思想跟上真正的你，再不要輕視自己。

不要忘了，你就是第一流的人，而第一流的人是絕不會輕視自己的。

03
第一流的人具有判斷事務輕重與否的能力

「老鼠」做事的一大問題是：態度隨意，注意力分散，分不清輕重緩急，也不善於區分大小；他們每天被繁雜的事務弄得焦頭爛額、頭暈目眩，如堆滿桌子的檔案，一個接一個的電話，不斷來訪的客人、顧客的投訴抱怨……

而「雄獅」——第一流的人，卻能從容應對這一切。他們懂得如何把重要緊急的事放在第一位，控制自己不會變成一個工作狂；他們懂得如何減少干擾，如何集中注意力，充分利用好時間；他們懂得如何有效主持會議，如何訓練自己快速而有效閱讀……因為他們具有判斷事務輕重與否的能力。

很多不善於工作的人總是把注意力集中在「和老鼠比賽」的瑣事上，也就是說，他們過於關注一些根本不會給他們帶來任何成就感的事情。他們看上去很活躍，但卻不知道自己真正目的是什麼，事實上這種活躍的本身就是毫無意義的。

羅伯特‧麥肯說：「大多數重大目標無法達到的主因，是因為我們把大多數的時間都花在次要的事情上面。」除非你把做事的優先順序融入生活當中，否則永遠都不會感到安心，你會陷於一場無止盡的「和老鼠的比賽」當中，永遠也無法擺脫身邊的麻煩。

　　你要做的應該是像「雄獅」那樣，掌握最重要的事項，並且全心投入，這樣有助於提高你的工作效率。在這個越來越多樣化的現代世界，這個原則的重要性更是遠遠超過以往。

　　因此，對你最具有價值的事物，你最應該投入充分的時間和精力，並在投入的過程當中，好好享受這份體驗。這個道理雖然簡單，卻是實現成功人生最重要的基礎。

　　只要你能夠言行一致，將自己所秉持的價值觀融入生活當中，其他你想達成的目標以及達成目標所需的策略自然會水到渠成。

04
第一流的人只做最重要的事

第一流的人一般都有一個重要的習慣，那就是找出並設法控制那些最能影響他們工作進展速度的重要之點。

在「老鼠」看來，「雄獅」做事總是比他們更為輕鬆愉快。因為「雄獅」懂得做事的祕訣，知道從一堆的事情中抽出重要的事情，這樣，他們等於為自己的槓桿找到了一個合適的支點，只要用小指頭輕輕一撥，就能移動原先整個身體也無法移動的沉重工作。

如果做事情不能把握關鍵所在，結果往往是付出大量的人力、物力和財力，收效卻甚微。如果能夠了解事物的關鍵所在，結果就會完全不同。

有時，我們在分清事物的重要性上會犯這樣一個錯誤，就是把緊急的當成重要的。

這其中，我們要知道，確定一項活動的兩個要素是緊急和重要。緊急意味著需要立即注意，是「現在」。緊急的事情一般是明顯易見的。它們給我們造成壓力，逼迫我們馬上採取行動。它們通常就在我們面前，往往是容易完成的，但是它們卻經常並不是重要的。

我們一般會對緊急的事很快做出反應，而實際上那些重要而不緊急的事情，恰恰要求人們以更多的主動性和積極性予以投入。我們應

該主動行動以抓住機會，促成事情的發生。如果我們不具有積極主動的習慣，如果我們不清楚什麼很重要，不清楚我們希望自己的生活產生什麼結果，我們就很容易把緊急的事情當成重要的事情。

因此，你要記住，重要與否和結果有關係。重要的事情是指那些對你的使命、價值觀、優先的目標有說明的事情。

決定什麼重要並確保自己集中精力做好這些事情的能力，是擁有平衡的生活方式的基本條件。歌德曾經說過：「最重要的事情，可千萬別被那些最不重要的事情隨意擺布，永遠不要。」很顯然，我們在生活中所做的大部分事情對於我們實現快樂和滿足都沒什麼價值。

倘若你非常容易就把自己百分之八十的時間花在一些不重要的事情上，那麼你就一定要重新評估一下自己想要在這些事情上花多少時間。為了能讓你的時間利用率得到最大優化，你一定要拋開百分之八十的那些只能給你帶來百分之二十成果的活動。

你也許不能拋開全部的這些活動，但你能拋開其中的很多活動。如果你能至少消除自己一半的低價值活動，那麼你就會有充裕的時間來享受生活中的休閒娛樂。

當你面前擺著一堆問題時，應問問自己，哪些最重要，對它們做優先處理。如果你聽任自己讓緊急的事情左右，你的生活就會充滿危機。

05
第一流的人做事充滿百分之百的自信

　　很多時候，「老鼠」對於工作的不安全感，主要是因為他們自認為沒有別人優秀，或自認為情況不會有任何轉機的念頭所造成的。如果要打破這種不自信的悲觀思維，那就要對目前所秉持的信念以及對於自身的看法好好加以調整和改造。

　　南茜・克雷根說：「如果你自我懷疑的話，那麼不管你看到了什麼，你都會心存懷疑；如果你對自己妄加評斷，那麼你對任何事情都會抱持同樣的態度；不過如果你仔細傾聽自己的心聲，便能夠超脫這些懷疑和評斷，視野也會頓時豁然開朗。」

　　成功學大師戴爾・卡內基在召開研討會時常會問與會者這樣的問題：「自認為百分之百信服自己的人請舉手。」幾乎沒有什麼人舉手，接著他把百分比的比率一直調低，他發現大多數舉手的都是分布在百分之五十到百分之七十五這個區域。然後他提出這兩個問題：第一，你為什麼無法達到百分之百的境界？第二，如果和你共事的人全部都百分之百信服自己，你工作的環境會變成什麼樣子？

　　對於這兩個問題，你不必急於回答，但是你一定要確信自己是一個第一流的人。第一流的人做事往往充滿百分之百的自信，因為他們知道，百分之百的自信並不是自大、驕傲或是自負，而是堅信自己的

才能、天賦會有最充分的表現與發揮。也就是說,如果對自己只有百分之五十的信賴程度,那麼自然沒有足夠的動力可以讓自己超越目前的境界。

一個紐約的商人在大街上看到一個衣衫襤褸的皮鞋推銷員,頓生一股憐憫之情。他把二十美元鈔票扔到那個推銷員的盒子裡,準備走開,但他想了一下,又停下來,從盒子裡取出一雙鞋,並對賣鞋的人說:「你跟我都是商人,只不過經營的商品不同,你賣的是鞋。」

幾個月後,在一個社交場合,一個穿著整齊的推銷商找到了這位紐約商人,並自我介紹:「你可能已經記不得我了,但我永遠忘不了你,是你重新給了我自尊和自信。我一直覺得自己和乞丐沒什麼兩樣,直到那天你買了我的鞋子,並告訴我是一個商人為止。」

故事中的推銷員一直把自己當作乞丐,不就是因為缺乏自信心嗎?就是從紐約商人的一句話中,推銷員找到了自尊和自信,並開始了全新的生活。從中我們不難看出自信心的巨大威力。

事實上,很多情況下,我們對於自己的看法大多已經根深蒂固,就如那推銷員一樣,一時之間要想改變這種形象還真是不容易。那麼,又該怎麼辦才好呢?

我們得先找出一個自己希望效法的典範,然後反求諸己,實現這樣的形象。當你找到希望效法的對象後,先揣摩這個模範的言行舉止,並且想像對方會有多麼的自信。當你對自己開始有更深入的了解之後,你還要記住一流人物的做事要點:

要當獅子就別與老鼠爭鋒

成功者只做最重要的事

第一，維持自己的本色。

首先，我們要了解「維持本色」到底是個什麼意思？為了說明這點，讓我們先看一則相反的例子：美國的《紐約時報》曾刊登了一篇克萊因菲爾德的文章——《香味工程師說他們能夠收藏成功的香味》，文章記錄了這樣一個故事：

一次，底特律三大汽車巨擘之一聘請專精味道研究的阿蘭·R·赫希博士，負責開發一種相當特殊的香味，他們希望這種香味能夠讓汽車銷售員擦上之後，會有「誠實」的味道。

這聽起來的確很可笑。但是，杜克大學附設醫學院心理學教授，以及香味研究人員蘇珊·西弗曼博士卻自信地表示，他們可以在一年之內開發出這種「汽車業務誠實香水」。

蘇珊·西弗曼博士還說，如果開始成功的話，該汽車製造商將會向其經銷商推薦這個新產品，當汽車銷售人員噴上這種香水之後，顧客便會被他們真誠的味道給吸引住，汽車銷售量將會創下驚人的成績。

不管你是否相信，這的確是一個真實的故事。但是你想要用香水來遮掩自己品德上的汙點，那麼，不要以為這個香味會為你帶來值得敬重的名聲。只有忠於真實的自我，虛假才會最終遠離你自己。

第二，堅持自我認知。

在《推銷員之死》這部充滿張力，但卻悲劇性十足的戲裡，主人公威利·洛曼的人生充滿了虛假，他為了尋找真實的自我而在人生的

路上跌跌撞撞，在疑懼、懷疑以及不安全感中摸索。

從威利·洛曼這個角色的身上，我們是否看到了一個充滿虛假的世界？在這個世界裡，大家為了模仿成功的典範，都戴起假面具，自以為這樣就可以成為這個典範。

著名作家林語堂曾如是說：「這麼無止無盡的追求，正是因為人們不知道自己到底要什麼，或是想要的事物實在太多太雜，也有可能是想要成為別人所扮演的角色，不管是什麼，只要不是繼續當自己都可以。認真面對真實的自我需要勇氣，堅持自我，不隨波逐流也是同樣。」

查理斯·斯珀吉翁曾經對世人提出警語，他說：「我們最大的敵人是我們自己。」你一定要先探索真實的自我——你的個性、價值觀，以及內心的更深處，然後才能夠憑藉著這些元素向上建構。

第三，確信自己是一流的人物。

「老鼠」永遠不會贏得真正的比賽。由於一些偶然因素，他們可能會受到矚目，甚至於受到景仰，但是這些都是短暫的，而且只能夠為他們帶來一小部分的支援，但是結果會比原來還要糟糕。「要知道我的建議嗎？」豬小姐（Miss Piggy，美國著名卡通人物）這麼說，「千萬不要忘記，你自己的特長可能只有你自己知道。別人可能會嘗試著去了解你，但是對於你的品行通常只能夠了解七八分而已。」

我們真實的自我自然不用別人來說，不過為了提升自己對於他人的價值，我們必須了解真實的自我以及努力朝著自己希望成為的角色

要當獅子就別與老鼠爭鋒
成功者只做最重要的事

邁進。我們必須督促自己向前，以正面的態度採取有建設性的行動，並且不斷努力朝著希望達成的境界努力。

在這樣的過程當中，我們才會更加堅信自己是一流的人物，並從優秀走向卓越。

06
第一流的人處事臨危不亂

「老鼠」面對棘手之事很容易亂了方寸,而第一流的人則具備臨危不亂、從容不迫、坦然處之的本領,常能使艱難困頓的局面化險為夷。這種「泰山崩於前而色不變」的剛毅氣質,使他們能夠運籌帷幄,決勝千里之外。

可見,客觀冷靜看待問題,對於解決問題是多麼重要。讓我們看看日本的片山豐是如何面對困境,並成功擺脫危機的吧!

西方國家很早就提倡消費者在家裡購物,這使顧客不必去摩肩接踵的百貨公司,可以憑一份商品目錄,訂購他們想購買的東西,然後由活動百貨公司的員工送貨上門。這一銷售方法不僅具有創造性,而且還蘊涵了很大的商機。

日本的片山豐便把握住了這一商機,他透過各種途徑籌集大量資金開辦了片山活動百貨公司。但是,由於市場擴大得太迅速,資金的需求量激增;此外,不少員工對這項新事業根本不懂。這兩個原因使他的公司的經營狀況日趨惡化,他不得不向銀行貸款七十億日元,到年底又再度貸了七億日元,結果是債台高築。

儘管如此,片山豐仍然保持平時的作風,泰然自若,信心百倍,毫不慌張。星期天依舊精神抖擻去打高爾夫球;每天早晚的上下班時

要當獅子就別與老鼠爭鋒
成功者只做最重要的事

間，也一如往昔；舉止、神色毫無變化。

「我知道，在這種非常時期，一個經營者一旦率先驚慌失措，或是操心得瘦了一圈，或是動輒發怒，發脾氣，必將影響到員工的士氣。我不能把痛苦表現出來，否則，員工一定會受到我感染而人心惶惶。只要我自己保持毅然無畏的態度，公司就會有生機……」

他的這種臨危不亂的作風，不久就產生了奇蹟，不僅穩定了人心，而且感染並激勵全體員工咬緊牙關、發奮圖強，為公司的復興全力以赴。在最艱苦的日子，絕大多數員工都毫無怨言跟著他。後來，在走出絕境之後，很多員工都說：「當時，我們看到他一副從容不迫的樣子，不禁精神百倍，從來不認為有什麼危機會打垮我們的公司。」

正是這種信心與勇氣使得老闆與員工、員工與員工之間互勉互助，同心協力，克服了公司的危機，並使公司神奇的重新站立起來。

因此，即使在事業岌岌可危之時，只要有臨危不亂、力挽狂瀾的信心與勇氣，只要能夠正確思考，抱著必勝必成的信念，就一定能激發出自身內在的潛力來攻克難關，進而將事態轉危為安。

但凡那些能夠面對困境臨危不亂，並能夠做出正確決斷的人，都是肯將人生中那些看似錯誤或痛苦的經驗，視為最寶貴的人生財富的一流人物。他們堅信：成大事源於正確的決策，正確的決策源於正確的判斷，正確的判斷源於平時的處事經驗，而經驗又源於他們的日常實踐。

事實上，很多人沒有判斷力是因為不敢面對現實，過於看重眼前

的微小利益或目標,長時間如此,就會顧慮失敗,最後喪失基本的自信。

　　成大事者之所以成功,在於他們決策時的智慧與膽識,能夠排除錯誤之見。正確的判斷是他們經常需要訓練的素養。因為沒有正確的判斷,就會面臨更多的失敗和無數的危急關頭。在決定失敗的危急關頭,保持冷靜是非常重要的。

　　生活中,在遭遇危急的情況時,你一定要處事果斷,敢於去冒一定的危險,只有這樣才有獲得成功的可能。如果在關鍵時刻你還猶猶豫豫,畏縮不前,後果將不堪設想。

　　可以說,成功或失敗,關鍵之時,是當事人——你,在決定著事態的發展方向。

07
第一流的人保持最佳的精神狀態

事實上，沒有人願意和一個整天萎靡不振的人打交道；只有時時保持一流精神狀態的人才會到處受歡迎。

微軟公司的招聘官員曾對記者說：「從人力資源部用人的角度來講，我們願意招納的『微軟人』，他首先應是一個非常有激情的人：對公司有激情、對技術有激情、對工作有激情。可能在一個具體的工作職位上，你也許會覺得奇怪，怎麼會招這麼一個人。也許他在這個行業涉獵不深，年紀也不一定很大，但是他有激情，和他每次溝通，你都會受到感染，並且願意給他一個機會。」

吉姆是一個汽車清洗公司的經理，這家店是十八家連鎖店中的一個，生意相當興隆，而且員工們都熱情高漲，對他們自己的工作表示驕傲，都感覺生活是美好的⋯⋯

但是吉姆來此之前並不是這樣的，那時，員工們已經厭倦了這裡的工作，他們中有的人已打算辭職，可是吉姆卻用自己昂揚的精神狀態感染了他們，讓他們重新快樂工作起來。他每天第一個到公司，微笑著向陸續到來的員工打招呼，把自己的工作一一排列在日程表上，他創立了與顧客聯誼的員工討論會，時常把自己的假期向後推遲⋯⋯

就這樣，在他的影響下，整個公司變得積極上進，業績穩步上

升，他的精神狀態改變了周圍的一切。

在你工作的環境中，你可能常常會看到這樣的情況：剛剛進入工作職位的年輕人，自覺工作經驗缺乏，為了彌補不足，常常早來晚走，鬥志昂揚，就算是忙得沒有時間吃午飯，依然很開心，因為他所面對的工作有挑戰性，由此所帶來的工作感受也是全新的。

可是，這份激情往往是來自對工作的新鮮感，以及對工作中不可預見問題的征服感，一旦新鮮感消失，工作駕輕就熟，激情也往往隨之湮滅。一切開始平平淡淡，昔日充滿創意的想法也消失了，每天的工作只是為應付考勤制度而已。

由此可見，保持對工作的新鮮感是保證你對工作充滿激情的有效方法。

要想保持對工作恒久的新鮮感，首先必須改變「工作只是一種謀生手段」的這一認識，要學會把自己的事業、成功和目前的工作狀況連接起來。

其次，就是給自己不斷樹立新的目標，挖掘新鮮感；把曾經的夢想重新揀起，找機會實現它；審視自己的工作，看看有哪些事情一直拖著沒有處理，然後把它做完。不要老是指望別人為自己加油打氣，自己的工作激情要由自己負責。

一流的精神狀態是你的責任心和上進心的外在表現，所以就算工作不盡如人意，也不要愁眉不展、無所事事，要努力學會控制自己的情緒，讓一切都變得積極起來，這樣你才能在自己能夠掌控的領域裡

要當獅子就別與老鼠爭鋒
成功者只做最重要的事

發揮自己的影響力。

查理．鐘斯告訴我們:「如果你對於自己的處境都無法感到高興的話,那麼可以肯定,就算換個處境你也照樣不會快樂。」換句話說,如果你現在對於自己所擁有的事物,自己所從事的工作,或是自己的定位都無法感到滿意的話,那麼就算你獲得了你想要的事物,你仍舊無法快樂。

所以,能否讓自己像第一流的人物那樣,永遠積極向上,始終保持最佳的精神狀態,完全取決於你自己的思想與行動。哪怕鬱悶的陰影時時呈現,也應提醒自己那不過是一時的現象而已。

試想,如果我們整天沉溺於昏昏欲睡的精神狀態,快樂的種子又怎會在你的內心深處生根、發芽呢?

總之,每天精神飽滿去迎接工作的挑戰,以最佳的精神狀態去發揮自己的才能,就能充分發掘自己的潛能。你的內心深處此時也會產生微妙的變化,你會變得信心十足,別人也會越發認識你的真正價值。

08
第一流的人敢於和更出眾的人物合作

一頭孤獨的獅子永遠不會取得顯著的獵捕成績，而獅群的戰鬥力必將超過獅群成員的單個力量。

身處於現代社會，緊張的工作節奏常常讓每個人忽略了應有的團隊合作意識，而專心致力於開拓自己的成功之道，但是現實卻往往令他們非常失望。他們的個人英雄主義夢想常因為自己的一意孤行而最終破滅，他們的自身優勢也沒有得到最充分的發揮。

在分工日趨專業化的現代辦公環境裡，幾乎沒有一件工作是一個人能獨立完成的，每一個人也只是在高度分工中擔任一部分工作而已，只有依靠部門中全體職員的互相合作，互補不足，工作才能順利進行，才能更充分發揮自身的優勢。

誠然，第一流的人物想做成一件大事，也絕不可能僅僅依靠自己的力量去完成。第一流的人物也需要合作，我們所要強調的是，這種合作的基礎需要有一個真正意義的高度。那就是，他一定要敢於和比自己更出眾的人物合作，而絕不是和「老鼠」合作。

這是因為：和「老鼠」合作時間長了，第一流的人物最終就會變成「一隻碌碌無為的老鼠」。正如前言中提到的寓言一樣，雄獅不願和老鼠比賽，就因為即使贏了，牠也只不過是贏了一隻小老鼠。對自

要當獅子就別與老鼠爭鋒
成功者只做最重要的事

己本身而言，是有弊而無利的。

讓我們來看看世界著名廣告公司奧美公司創辦人大衛 · 奧格威是怎樣做的吧！

作為奧美公司的創始人大衛 · 奧格威，在每次聘用一位新的部門主管時，他都要贈送對方一個套疊式俄羅斯玩偶。這是一種由大套小的五個玩偶組成的玩具。大衛在最小的玩偶裡總是不忘附上一個小小的便條，上面寫著：「如果我們每個人只雇傭比我們矮小的人，我們公司最後只能變成侏儒。相反的，如果我們都雇傭比我們高大的，奧美遲早會變成巨人。」

果然，這種不僅不畏一流，而且勇於和一流人物合作的優秀心理素養，給了開拓中的奧美公司以極大的活力，最終力拔群雄，登上了世界最大、最著名的廣告公司的寶座。

從故事中我們可以看到，大衛 · 奧格威的確是高明的。他不僅自棄了可能衰變為侏儒的可能性，還賦予了他手下的人以超越常規（如「受人雇傭低人一等」）的人格自尊及智慧評價。他在謝絕「弱勢」的主動攻勢中，既最大限度激發了事業的活力，也創出了獨一無二的、極富藝術韻味的人格魅力。這對於一個不屑於「和老鼠合作」的人來說，無疑是一個最好的例證。

隨著資訊時代的到來，和一流人物、精英文化、智慧精粹的交流、合作與採擷，已減少了諸多的技術障礙。但是，有不少人由於現代心理素質發育還不健全，仍然在「望高興嘆」，甚至患有「恐高症」，

不敢「奢望」與一流人物合作，懼怕與一流智慧「握手」，只會和那些弱勢群體——「老鼠」合作，這是比技術障礙更加可怕、後果更加嚴重的心理障礙。

由此，使得眾多的本來具有很好發展潛力的人才，由於心理障礙的制約，導致與一流合作夥伴失之交臂，致使一流技術或方案如過眼雲煙，這是一件十分讓人痛心的事。

也許你現在還不是一個一流的人物，但是你要相信自己，這一天遲早會到來的。你本身有很好的發展潛力，你應該找到那些一流人物去合作，只有這樣你才能夠把自己的潛能徹底發揮出來。

你現在要做的是，告訴自己「我就是第一流的人」！然後，你要充分相信自己的能力，你要敢於和比你更出眾的人物合作；你不要在意路邊「小老鼠」的挑戰，因為前面還有更高的目標等你來完成。

09
「老鼠」與「雄獅」的能力差別

①想像力

用「鼠目寸光」來形容一個「老鼠級」人物的想像力是再恰當不過的了，而「雄獅」一樣的人物總是高昂起他的頭，把想像的目光投得很遠，這是他和「老鼠」最根本的能力區別之一。

正如愛因斯坦所說：「想像力比知識更重要，因為知識是有限的，而想像力概括著世界上的一切，推動著進步，並且是知識進化的源泉。」

人類正是憑藉著豐富的想像能力，駕馭了許多大自然的力量。人類已經徹底征服了天空，在飛行方面，鳥類已經不是人類的對手；藉助於想像力，人類可以在相隔百萬英里之外，分析計量出太陽的組成元素有哪些；人類增進了火車的速度，如今可以以一百英里以上的時速疾行飛馳……

豐富的想像力是靈魂的創造力，是每個人自己的財富，是你在這個世界上唯一能夠自己絕對控制的東西。如果能夠正確使用你的想像力，它將協助你把你的失敗改變成價值非凡的資產，也將引導你去發現一項只有使用想像力的人才能知道的真理，那就是，生活中的最大

法則一 第一流的人做第一流的事
09 「老鼠」與「雄獅」的能力差別

逆境和不幸,通常會帶來美好的機會。

華特 · 迪士尼年輕的時候,經常在午後陪著女兒到附近的遊樂園玩。華特 · 迪士尼坐在骯髒的板凳上頭,吃著發黴的爆米花,喝的是稀釋到幾乎沒有味道的飲料,心裡頭夢想著有朝一日要造一個完美的遊樂園。他要在遊樂園裡提供高品質的食品、乾淨的環境、刺激有趣的遊樂設施以及老少皆宜的娛樂。這將是一座世界獨一無二的家庭冒險樂園。

華特 · 迪士尼花了整整十五年的時間才實現這個夢想,這期間,華特 · 迪士尼遭遇到無數的阻礙和困難。如果他願意妥協,讓自己的理想打點折扣,說不定困難會降低一些,不過當迪士尼樂園在一九五五年開幕的時候,這座樂園正和他當初的夢想同樣的令人側目。

正如華特 · 迪士尼一樣,如果我們正想像自己以某種方式行事,幾乎也就是實際上在這麼做。想像給我們提供的實踐可以幫助這種行為臻於完美。

想像力是人腦在感性形象的基礎上創造出新形象的過程。人的大腦所以能夠進行想像,能夠創造未曾知覺過的事物的形象,是由於大腦的兩半球在條件刺激的影響之下,以我們從知覺所得來的並且在記憶中所保存的表像為材料,透過分析和綜合加工,從而創造出未曾知覺過的甚至是未曾存在過的事物的新形象。

為此,美國科學家曾做過這樣一項實驗,證明想像練習對改進投

要當獅子就別與老鼠爭鋒
成功者只做最重要的事

籃技巧的效果。

第一組學生在二十天內每天練習實際投籃，把第一天和最後一天的成績記錄下來。

第二組學生也記錄下第一天和最後一天的成績，但在此期間不做任何練習。

第三組學生記錄下第一天的成績，然後每天花二十分鐘做想像中的投籃。如果投籃不中時，他們便在想像中做出相應的糾正。

實驗結果是：

第一組每天實際練習案二十分鐘，進球率增加了百分之二十四；

第二組因為沒有練習，也就毫無進步；

第三組每天想像練習投籃二十分鐘，進球率增加了百分之二十六。

為什麼會有這樣的結果呢？科學控制論向我們解釋了這一原因，並且證明，這些結果是我們的心理和大腦自然與正常的功能。控制論把人的大腦、神經系統和肌肉組織看作一套高度複雜的「創造性機制」（一部自動尋求目標的機器，運用自動回饋和資訊儲存為手段），透過這套機制指導自己通向既定的目標，並在必要時自動糾正指向的方向。

心理學家曾指出，你必須首先在內心認識一個事物，然後才能著手去完成它。你在內心裡「看到」一個事物時，你的內在「創造性機制」就會自動把任務承擔起來，所以完成這項工作要遠遠勝過你有意

識的努力或者「意志力」。

事實上，不論是一流人物還是「老鼠級」的人物，他們同樣都有著想像力和以現實的道理思考問題的能力。不過，「老鼠級」的人物只能以現實的道理來思考問題，因而，他們的想像力便逐漸萎縮；而一流人物卻樂於運用空想力，在他思考事物時，先求之於空想。他在遙遠的空想彼岸天馬行空，然後再返回現實中來，所以，他的思想飛躍度極高。要想成為具有創造性思維的思想活躍者，就必須學習這種運用空想的天才的思考法。

正如法國著名的藝術家蜜雪兒 · 杜尚所說：「如果你僅想引人注目，那麼把襪子放在嘴裡走下樓梯就可以了。」

當然，僅僅引起人們的注意是不夠的，還應該對你獨特的產品進行想像。但是這種創造性想像不是對現成形象的描述，而是根據一定的目的和任務，對已有的表像進行選擇、加工和改組，從而產生新形象的過程。第一流的人物在行動之前，在頭腦中先已構成將要創造的新事物的形象，這就是創造性的想像。創造性想像的特徵在於新穎、新奇、獨創。

具備豐富的想像力，對於創新思維同樣具有極大的開發作用。想像豐富，對研究的問題能從各個方面展開想像，思路靈活，能夠打破時間與空間的限制，展翅高飛，開闊視野，看到前所未見的新天地。相反，想像貧乏，其創造性發揮水準的思維廣度小，思路不活，則很難衝破舊觀念的藩籬，只能在非常有限的範圍內打轉。

要當獅子就別與老鼠爭鋒
成功者只做最重要的事

可見，做任何事情都是先有想像，再化作事實，而這個過程中，是靠你自己在想像中做特殊的計畫，以實現自己的想像。

②熱情

當「雄獅」在心中確定了一個深信不移的目標後，便會精神百倍奔向他的「獵物」，這就是他較「老鼠」優異之所在，這時他的內心充滿了高度的熱情。

所謂熱情，就是一個人保持高度的自覺，它能把全身的每一個細胞都調動起來，完成這個人內心渴望完成的工作。熱情是一種強勁的激動情緒，一種對人、事、物和信仰的強烈情感。熱情的發洩可以產生善惡兩種截然不同的力量。

歷史上有許多依靠個人熱情改變現實的事蹟。

拿破崙發動一場戰爭只需要兩週的準備時間，換成別人也許會需要一年。這中間所以會有這樣的差別，正是因為他擁有無與倫比的熱情。拿破崙在第一次遠征義大利的行動中，只用了十五天時間就打了六場勝仗，繳獲了二十一面軍旗，五十五門大炮，俘虜一萬五千人，並占領了皮德蒙德。在這次輝煌的勝利之後，一位奧地利將領憤憤的說：「這個年輕的指揮官對戰爭藝術簡直一竅不通，用兵完全不合兵法，他什麼都做得出來。」但拿破崙的士兵也正是以這種根本不知道失敗為何物的熱情跟隨著他們的長官，從一個勝利走向另一個勝利。

毋庸置疑，軍隊一旦缺乏戰鬥熱情，就無法克敵制勝。人類一旦

缺乏熱情，就不會創造出震撼人心的音樂，不能征服自然界各種強悍的力量，不能用詩歌去打動心靈，不能用無私崇高的奉獻去感動這個世界；如果缺乏熱情，你即使有多麼美好的願望，也無法變為現實。

事實上，每一個人都具備一定的工作熱情，也許有的人熱情隱藏在恐懼之後，可是總在那裡。熱情是實現願望最有效的工作方式。如果你能夠讓人們相信，你的願望確實是你自己想要實現的目標，那麼即使你有很多缺點別人也會原諒你。只有那些對自己的願望有真正熱情的一流人物，才有可能把自己的願望變成美好的現實。

熱情意味著，你知道自己應該做什麼，並掌握了做的方法，而不是為了逃脫職責尋找藉口，你會覺得在生活中做件小事也是很幸福的；你會從心靈深處發出一種強烈而熾熱的感受，並為此而歡欣雀躍；你不會對別人妄加評論，你會願意幫助別人，從中感到愉快和充實。

更重要的是，當你充滿熱情時，你會發覺很容易擺脫「和老鼠的比賽」。當困惑、憂愁、焦躁、悲傷占據你的心靈時，你的熱情也會幫助你驅逐這一切。

英國著名詩人雪萊說：「熱情會使你年輕的，因為對生活充滿強烈希望的人，必定對人生擁有著偉大的熱情。青春和熱情是並駕齊驅的。」

充滿熱情的人知道事情並非永遠是一帆風順的，問題的關鍵在於，你是否能夠時刻讓熱情激勵自己不斷前進。只要你的這種努力增一分，你離成功的距離就近一步。

③意志力

擁有超強的意志力是「雄獅」——一切一流人物必備的心理特徵和行動能力，這使得他們在奮鬥的路途中，無往而不勝。

美國史丹佛大學的心理學家曾對一千五百名超常兒童進行了一次長達五十年的追蹤研究，結果發現：在最成功與最不成功的兩類人之間差別最大的人格因素是堅持力、自信力、克服自卑的能力和責任心，綜合而言，即為意志力。

很多有目標、有理想的人，他們工作，奮鬥，他們用心去想，去祈禱……但是由於過程太艱難，他們愈來愈倦怠、洩氣，終於半途而廢。到後來他們會發現，如果能再堅持一點，如果他們能更向前瞻望一下，就會發現新的契機。

一個具備超強意志力的人，才能夠忍耐常人難以忍受的痛苦，去不斷創造成功。

那麼，怎樣才能培養出這種不放棄、打不敗的堅強意志呢？辦法之一是永遠不要說失敗，因為如果你一再說失敗，你很可能會說服自己去接受失敗。

李．布雷克森生於北卡羅萊納州，父親是貧苦的鐵匠。他在十二名子女當中排行第十。他年少時非常用功，在學校的功課是第六名。他替人擦鞋、送雜貨、送報紙、洗車，還當過技工學徒。結婚之後，他的收入微薄，和妻子節衣縮食，卻也只夠溫飽，更可怕的是，布雷

克森又失業了。由於付不起抵押貸款，他的房子即將遭到拍賣。

絕望之時，布雷克森發現並閱讀了一本關於致富的書。「要追求財富，」他告訴自己，「我必須做一件事情，那就是首先必須培養積極的態度，選定一個明確的目標，才能突破困境。我一定要走出去，就從現在找到的第一份工作開始。」

他找到了一份工作，起初薪水並不高，但是他還是堅持了下來。幾年之後，他籌建了懷特維第一國家銀行，並擔任總裁。其後又當選為市長，經營著許多成功的企業。

如果你想要成功，從今天開始，將目標牢記在心裡，並努力為之而奮鬥，不要再輕易放棄。當問題出現的時候，就像雄獅捕獵物那樣，迎頭加以處理，這樣你就不會被悲觀失望的情緒所左右了。

優良的意志品質，超常的意志力水準和意志行動，是許多成功者必備的心理特徵和行動能力。在追求自我成功的過程之中，只要注意培養和鍛煉以上優良的意志品質，即將自覺性、頑強性、果斷性和自製性，完整結合起來，就會具備超常的意志力。這對於成功而言，具有極為重要的意義。

當我們在工作上、生活上遭遇挫折時，不要絕望，而應更多的鼓勵自己：別灰心，下次再來！如果下次取得了成功，對於這次的失敗，不正是一種補償嗎？當然，下次還有可能繼續失敗，但還有下一次呢！人生沒有徹底的失敗，只要我們永不放棄，敢於嘗試，敢於行動，堅定信念，終會以後來的成功補償以前所有的失敗。

要當獅子就別與老鼠爭鋒
成功者只做最重要的事

　　如果能以「失敗了沒關係」的精神狀態去努力拚博，前進的人生路上，你就會學到更多。如果能確信這一點，你必然會對未來充滿信心，並且發現跌跤並不是什麼可恥的事，而是邁向成功的另一個機會。重要的是能以勇氣、決心和樂觀的心境繼續努力。

　　無數成功的事例告訴我們：只要我們遇到困難永遠不絕望，成功的大門總會向我們敞開的。

10

第一流的人解決大問題，

「老鼠」永遠只解決小問題

在每個團體中，既有一些「解決小問題」的「老鼠」人物，也有「解決大問題」的「雄獅」人物。

所謂「解決小問題」的人，一般他看不清事情的先後順序，遇上了重要問題，他會專挑一些較小的、容易而不致太傷腦筋的問題去做。他分析那些小問題，重新安排那些小問題，忙著打電話，使小問題擴大，而且在記事本上滿滿登記下來。他可以花上半天時間，為找一本參考書忙得團團轉，或是做些無謂的工作。而正在此刻，那些「解決大問題」的人，可能已經解決了幾件大事。

眾所周知，人的時間和精力是有限的，不會解決問題，你會對突然湧來的大量事務手足無措。

讓我們看看卡內基是如何處理身邊大量的事務的。

有一次，有一位公司的老闆來拜訪卡內基，看到卡內基乾淨整潔的辦公桌感到很驚訝。他問卡內基：「你沒處理的信件放在哪裡了呢？」卡內基說：「我所有的信件都處理完了。」

「那你今天沒做的事情又叫誰去處理了呢？」老闆又追問。「我所

要當獅子就別與老鼠爭鋒
成功者只做最重要的事

有的事情都處理完了。」看到這位公司老闆困惑的神態，卡內基微笑著解釋說：「原因很簡單，我知道所需要處理的事情很多，但我的精力有限，一次只能處理一件事情，於是我就按照所要處理的事情的重要性，列了一個順序表，然後依序處理。」

「噢，我明白了，謝謝你！卡內基先生。」幾週以後，這位公司的老闆請他參觀其寬敞的辦公室，對他說：「卡內基先生，感謝你教給了我處理事務的方法，過去，在我這個寬大的辦公室裡，我要處理的檔案、信件等等，都是堆得和小山一樣，因此得動用三張桌子。自從用了你說的法子以後，一切都改變了，再也沒有沒處理完的事情了。」

這位公司的老闆，就這樣找到了處理事務的辦法，現在的他已成為美國社會成功人士中的佼佼者。

為了個人事業的發展，我們也一定要根據事情的輕重緩急，製出一個工作計畫表來。我們可以每天早上制訂一個先後表，然後再加上一個進度表，這樣就會加速我們向自己的目標前進的步伐。正如柯維指出：「有效的管理是要先後有序的。」

在廣闊的市場空間裡，從事「自我管理」的人越來越多。他們可以自己決定如何管理自己的時間；他們可以自己決定應做些什麼、如何做以及什麼時候做。他們之中，那些「解決大問題」的人能從每分、每秒的時間中擠出一分價值來，聚零為整。但也有些人不僅在浪費他們自己的時間，還在浪費別人的時間。他們處理問題時，總喜歡把小問題說得津津有味，這種人永遠成不了第一流的人物。

有些公司花費可觀的時間和金錢，想要選擇優秀人才。這樣的公司，有他們一套經過精心設計的程序、報告、記錄和測驗方法。但你若要衡量一個人的分量，卻不必多花那些時間和金錢。你只要給他一個機會，看看他喜歡解決哪一類的問題，便能知道其人的分量了。他的智慧如何，信心如何，與人相處的方法如何，經驗如何以及才能如何等等，這是一項快速、簡單、精確和省時的衡量方法。

同時，對於一位「解決小問題」的人物，我們也不要給予過嚴的責備，也許那不是他的過錯。也許他需要培訓，也許他需要激勵，也許他需要考驗，或是需要另換一項不同的工作。但是對於那些不肯改變他們日常規律的人，對於那些習慣於慢動作的人，對於那些擅長安排日程的人，對於那些特別有興趣於小計畫的人，對於那些終日忙忙碌碌趕不上時代的人，我們可就要提防了，因為他們有時會壞了我們的大事。

要注意的是，別將大問題交到那些「解決小問題」的「老鼠」手裡，更要注意的是，將小問題交給「解決大問題」的「雄獅」手裡，比之將大問題交給「解決小問題」的「老鼠」手裡還要糟。將小問題交給「解決大問題」的人物，他們必將厭煩乏味，不僅把興趣轉移到別的方面，而且還會離你而去。那就等於糟蹋人才。因為「最聰明的人是那些對無足輕重的事情無動於衷的人，但他們對那些較重要的事務卻總是做不到無動於衷。」你必須激發出他們解決大問題的熱情，才能真正帶來可觀的收益。

要當獅子就別與老鼠爭鋒
成功者只做最重要的事

　　大多數人都喜歡解決較容易的問題，這主要是因為它能迅速給自己帶來愉快；但也有人喜歡處理艱難的問題，從而使自己得到充分的鍛煉和發展。只是這一類人比較少，一旦你發現了一位善於「解決大問題」的人，你一定要緊緊抓住他，他可能就是「一頭睡之將醒的雄獅」。

　　話說回來，想成為一頭受人重用的「雄獅」，還是一隻只會解決小問題的「老鼠」，還是由你自己決定吧。

法則二　與庸人較量越多自己越差

　　和不如自己的人下棋會很輕鬆，也很容易獲勝，但永遠增進不了棋藝，而且這樣的棋下多了，棋藝會越來越差，所以好棋手寧可少下棋，也盡量不和不如自己的人較量。

是雄獅，就要有鮮明的強者風範

　　一頭威武的雄獅，即使在打盹的時候，依然具有超凡的氣質，這讓任何身處周邊的動物，都對牠肅然起敬。

　　同樣，一個人能否取得成功，關鍵在於他是否具有潛能、爆發力等綜合素質。假如他具有了強大的領導能力和開拓能力，具備了成才的優良素質，即使他現在身無分文，毫無社會地位可言，仍可保持一種超凡的氣質，仍會讓接觸他的人佩服他，尊敬他。

　　但是要保證自己在社會上實至名歸，就需要自己每時每刻都應保持一個清醒的頭腦，這對於大多數人來說是一件十分困難的事，這也是對第一流人物的嚴格要求。

　　這時就要要求自己能夠審時度勢，進退有序，不為社會潮流、生活條件和個人物欲、榮辱所左右；還要不斷充實自己，以完善最初造成的空虛和不足。

　　這時所表現出來的氣質對人相當重要，但氣質是日積月累，慢慢培養的。一個人可以在一夜之間暴富，成為百萬富翁，但難以辦到的是把談吐、氣質、品位也裝扮起來，與外型相互配合，在一夜之間進入新層次。所以，外在形式的東西是一種短暫的存在，內在本質性的修養才是本質的擁有。前者可以飛躍，後者只能漸進。

法則二 與庸人較量越多自己越差
11 是雄獅，就要有鮮明的強者風範

其實，考驗一個人的品質和發展事業的能力，不在創業之始，甚至不在成就事業之後，真正檢驗人的，是在開拓事業的過程中，尤其表現在突然遭受重大挫折之時。即相距成功目標的道路越長，遭遇波折越大，越能體現一個人綜合素質的高低，越能檢驗一個人的耐力和勇氣。

無數成功事例證明，任何一個具備優良品質，最終成就大業的人，都是在經過了重重磨難而日漸成熟起來的。這種逐漸成熟起來的氣質是能力與文化修養的有力結合，它表現於個體，卻作用於社會，要受到社會觀念與社會認定的影響和制約。

成功者的經驗告訴我們這樣一個道理：能夠成功的人除了非常注重實際工作外，對人的因素也非常重視，其中之一就是在他人面前該樹立什麼樣的形象。

一個管理者如果能在員工面前充分展示自己強者的形象風度，可以使他們更願意甘心為你而工作。當然一個人的風度氣質不是一天、兩天就能養成，必須經過長期的打磨才行。

要培養自己鮮明的強者風範，最重要的是嚴格要求自己。你有成功的渴望，就要以那些成功者為榜樣，及時補充你所缺少的東西，自我鞭策，自我激勵。如果你沒有成為強者的渴望，不單大家不會對你表示尊敬，甚至連你本人也會對自己放鬆要求，「我已經很不錯了，我和大家相處得很愉快，這樣多好啊！」這種想法只能讓你混同於「老鼠」的隊伍中。

要當獅子就別與老鼠爭鋒
成功者只做最重要的事

　　你要記住：強者的氣質是實力與勇氣的綜合表現，而實力與勇氣永遠是戰勝一切艱難險阻，最終達到成功彼岸和理想境界的強大後盾。只有意識到這一點，你才能增進自己的實力，強化自己的勇氣，最終才會成為「一頭具有強者風範的雄獅」。

12

永遠做一頭蔑視對手的雄獅

森林裡，獅子敢於把比牠更大的動物當成獵物，牠們蔑視一切對手，牠們不畏艱險，牠們之所以成為百獸之王，就是因為牠們本身具有這種獨特的個性。

在這個世界上，你也是「一頭與眾不同的雄獅」，沒有人能模仿你的才華，複製你的能力，抄襲你的成果以及你的競爭手段。無論在任何時候，你要充分伸展你的個性，因為這是你賴以成功的資本。

可是很多人卻常常忘記發揮自己獨特的個性，經常把自己萎縮於常識的社會裡，所以就無法充分發揮自己獨特的個性，以致過著卑微的生活。那麼，你呢？你是否希望成為一個成功的人呢？如果是的話，你必須成為「自己本身」。

追求自己個性的實現，這是人的天性。

要知道，人的成功就是個性的成功。個性大多不是與生俱來的，它是一種經過社會生活長期薰陶後形成的「最終產品」。一個人必須保持自己獨特的個性，正確地認識自己，揚長避短，這樣才會有利於自己事業的發展。

「九年級的時候，」前微軟總裁比爾‧蓋茲先生回憶說，「我開始了一種新的反叛。我的成績不算好，但我決定在不帶一本書回家的情

要當獅子就別與老鼠爭鋒
成功者只做最重要的事

況下使功課門門都達到 A。我不去上數學課，因為我已經自學了很多內容，在全國性的能力測試中名列十佳。這使我學會了獨立，並懂得了我不再需要反抗任何人。」到了十年級，比爾 · 蓋茲開始向別人傳授電腦知識，並為學校編寫學生座次排序軟體。

比爾 · 蓋茲和艾倫建立了「湖畔程式設計小組」，為當地公司開發軟體。當艾倫企圖獨自承攬業務同時，比爾 · 蓋茲和他發生了第一次爭吵。但艾倫很快發現個性獨特的比爾 · 蓋茲是不可缺少的，便又邀請比爾 · 蓋茲回來工作。

「我回來工作可以，」比爾 · 蓋茲告訴艾倫，「但我要當負責人，我會習慣當負責人的，從現在開始，與我打交道會很難纏，除非我當負責人。」

上任以後，他的對手們提出了一個更加具有哲學意義的話題：比爾 · 蓋茲不擇手段的競爭方式是否損害了個人電腦早期發展中形成的合作式的駭客準則？羅伯 · 格雷瑟曾在微軟擔任過經理，他說，起初自己很欽佩比爾 · 蓋茲的遠見，「但比爾 · 蓋茲太無情，他是物競天擇、適者生存的達爾文主義者。他尋求的不是雙贏，而是想方設法讓別人失敗。在他的眼裡，成功的定義是消滅競爭，而不是創造傑出。」

「如果我不是冷酷無情的話，我們能生產出更具創新性的軟體嗎？我們寧願消滅競爭對手而不是培育市場？這是徹頭徹尾的謊言。」比爾 · 蓋茲這樣說，「是誰培育了這個市場？是我們，是誰承受住了比

我們規模大十倍的公司如 IBM 的攻擊？」他指著每位競爭對手的名字說，「他們的競爭性一點也不比我們遜色。我們獲勝是因為我們雇用了最聰明的人。我們根據使用者的回饋不斷改進自己的產品，直到它們盡善盡美為止。每年我們都舉行研習會，思考世界往哪個方向發展。」

這正是比爾‧蓋茲的與眾不同之處。也正是比爾‧蓋茲的這種獨特個性決定了微軟的發展方向。

由此可見，在個人成長的道路上，你應該像比爾‧蓋茲一樣，不必再模仿別人，而要充分展示自己的獨特個性。你不但要宣揚它，還要欣賞它。你要學會強調自己的與眾不同之處，迴避人所共有的通病，並且要把這種原則運用到事業上。當有一天，你的人和你的事業皆獨樹一幟時，你會為此而無限自豪。

但是你要記住，不要因昨日的成績而驕傲，不要因微不足道的成果而自吹自擂。你能做的永遠比已經完成的更好。你的出世並非最後一項奇蹟，你也不是隨意來到這個塵世中的。你生來應為參天大樹，而非草芥。從今以後，你要竭盡全力成為絕頂之峰，將你的潛能開發到最大限度。

你要借鑑前人的智慧，了解自己以及自己手中的一切，這樣才能成倍地吸收能量。你絕不可忘記，許多成功的偉人，都有一套自己的理論，這使他們無往不勝。你也要不斷完善自己的儀態和風度，因為這是吸引別人的關鍵。你要一心一意對抗眼前的競爭，你的競爭會使

要當獅子就別與老鼠爭鋒
成功者只做最重要的事

你忘記其他一切，而不會被凡事糾纏。

　　每個人都會觀察和思考，當你洞悉了命運中那些偉大的奧祕時，你會發現，一切煩惱、沮喪、哀傷，都是喬裝打扮的機遇之神。你將不再被他們的表像所蒙蔽，因為你已睜大了雙眼，看穿了他們的偽飾。

　　你要相信你是自然界最偉大的奇蹟。你會成功，你會擁有自己的一番天地，因為你是天下無雙的，因為你的「獵物」不同尋常。

13
不與不會下棋的人較量

「獅子不和老鼠比賽」的寓言告訴我們：與一個不是同一重量級的人物爭執不休，就會浪費自己的很多資源，並無意中提升了對手的層面。這就如下棋，與不會下棋的人較量，只能越下越臭，而對方身價會倍增。

一個善於做大事的人是絕對不會做這樣的蠢事的，他們本身具有不同的謀略，他們不謀於眾，當然，這裡的「眾」指的是那些沒有見識的「老鼠」而言，這是謀事的特殊情況。

成大事者不謀與眾，通俗來說，策劃特別重大的事情，不必與「老鼠級」的人物商量。因為準備做非常重大事情的人，自己必定有非同尋常的眼光、胸襟與氣度，自己看準了，就要勇往直前去做，如果去和別人商量，反倒會影響自己的立場。

這是因為，為了與大多數的人相同，有些需求與欲望，有時候就必須跟著妥協，而對於一些事物的觀感，多半也只是遵循主流的觀點，不容易擁有自己的主觀想法，因為你害怕自己會被大多數的人所排擠。而那些較有主見的人，他們就不會隨波逐流，因為他們知道自己真正想要的是什麼，而且非常自信，所以，他們不在乎別人以異樣的眼光來看待他們。

要當獅子就別與老鼠爭鋒
成功者只做最重要的事

盛田昭夫就是這樣一個有自信並敢於與眾不同的人。

八十年代初期，廣受年輕人喜愛的「隨身聽」，是日本新力公司董事長盛田昭夫根據個人靈感及創意而研製出的得意傑作。

時任總經理的盛田昭夫認為，年輕人大都喜歡音樂，青少年尤其愛好此道，不過他們欣賞音樂的場所只能在房間內或汽車中，出了門、下了車，音樂便離他們而去。所以許多年輕人往往為了音樂而不喜愛戶外運動。盛田昭夫想到：我們是否能夠開發出一種可以在房子、汽車之外欣賞音樂的產品呢？

當他把這個構想在公司的產品設計委員會上提出之後，除了一個年輕人興致勃勃表示這是個非常棒的構想之外，其他的人都認為不可思議而加以反對。盛田昭夫堅持自己的想法，力排眾議，並開始著手開發這一構想。產品開發成功後，第一批的產量是三萬台，許多人對於這三萬台的銷路表示憂心，盛田為了鼓舞士氣，反倒信心十足立下誓言：「年底之前銷售量若達不到十萬台，我便引咎辭職。」

Walkman 上市之後，立即引起年輕人的搶購，銷售量勢如破竹，幾創記錄，到了該年年底，銷售量就已突破四十萬台。盛田不但保住了總經理的職位，而且該產品還成為公司獲利最多的商品。

緊接著 Walkman 在產品功能上再作改良，以擴大市場以及應付競爭者的挑戰。到了第三年 Walkman 在全球的銷售量，已達到四百萬台，創造了該公司單一產品在一個年度內最高的銷售量，也再度證明了盛田昭夫的高明遠見。

法則二 與庸人較量越多自己越差
13 不與不會下棋的人較量

Walkman 的成功，在事後被認為是一項了不起的構想，如果當初盛田昭夫不堅持自己的想法，與其他公司成員商量沒完沒了，那麼這個偉大構想只會成為泡影。盛田昭夫在這裡表現的就是一種成大事者不謀於眾的心態。

可見，一個胸懷大志的人，由於對人生目標和知識的看法與普通人有很大的距離，很多事他不和普通人商量，應該說是正常的。正因為這樣，社會才會有了根本性的進步。

成大事者敢於不謀於眾，並不是沒有前提條件。第一，他本人必須要經過深思熟慮才能做出某些決定。第二，他本人必須確實具有成大事必備的謀略和膽識，他心中的計畫也必須合乎事物的發展規律。

如果僅僅是自以為了不起，不把任何人都放在眼裡，盲目行動，那只有搬起石頭砸自己的腳，也只不過是為「老鼠們」增添一點笑料而已。

14
「老鼠」的問題所在：

永遠跟著「前一隻老鼠」翩翩起舞

在我們周圍，「老鼠」為什麼存在那麼多的問題呢？因為他們習慣模仿，不敢創新，或者說不願意創新，是因為他們頭腦中關於得失、是非、安全、冒險等價值判斷的標準已經固定，這使他們永遠跟著「前一隻老鼠」翩翩起舞。

為什麼他們不能換一個角度去想問題呢？為了更形象說明這一問題，我們不妨先看一個例子。

假如有一個人有百分之百的機會贏八十元，而另外一個人有百分之八十的機會贏一百元，但是有百分之二十的機會什麼都不贏。在這種情況下，這個人會選擇最保險的方式——選擇八十元而不願意冒險贏取那一百元。

可如果換一個角度來設定這個問題呢？一個人有百分之百的機會輸掉八十元，另外一個可能性是有百分之八十的機會輸掉一百元，但是也有百分之二十的機會什麼都不輸。這個時候，人們都會選擇後者，賭一下，說不定什麼都不輸。

這個例子使我們明白，平時我們之所以不能創新，或不敢創新，

法則二 與庸人較量越多自己越差

常常是因為我們從慣性思維出發，以至顧慮重重，像老鼠一樣畏首畏尾。而一旦我們把同一問題換一個角度來考慮，就會發現很多可以成功的機會。

在現實生活中，大多數的人都是普通人，只有少數的人才是領導者，他們披荊斬棘，帶領芸芸眾生，邁向不可預知的未來。也因為如此，我們大多數的人，會習慣遵循前人所設定的各種標準與規範，以確保自己跟別人一樣正常。比如說，當一群人看電視、大笑不已的時候，只要大多數人開懷大笑，你多半也會跟著笑起來，即使你並不覺得好笑。

為了擺脫這種跟著「前一隻老鼠」翩翩起舞的盲目行為，你必須告訴自己：人要活得更好，就要在群體的活動中，試著做那種第一個站起來發言的人。假如害怕讓你無法前進，那就轉化一下心情告訴自己：「這是我最後一次發言了。」不論是在課堂上，還是在研討會中，都試著率先舉手發言，這對於增強你的自信心是絕對有好處的。正如愛默生所說：「不要怯於現場，人生本來就是一個大的實驗場。」

我們知道，模仿別人很容易，甚至讓你能感覺小有成就。但是，模仿別人的成功看起來讓你感到愉悅，終究也只是短暫的而非持續性的，這無法讓你做出超越他人的事情。

凡事都模仿別人的話，你永遠都不能成為第一流的人物。

在工作中有不少這樣的人，如果有人明確指派他做這個或做那

要當獅子就別與老鼠爭鋒
成功者只做最重要的事

個，他往往能夠很有效率的把它做好；但是，如果讓他自己放手去做的話，他卻常常會感到不知所措，結果往往也難盡如人意。這種人仿佛是天生就做不了大事的。

這種跟著別人步伐起舞的習慣，多半是因為本身缺乏自信與創意所致。他們認為唯有跟隨別人步伐來完成一件事情，才會讓自己覺得比較踏實、比較穩定。

另外，這種人還往往是因為他們沒有明確的目標，需要他人來指引差遣，也可能是因為他們根本就不知道真正的目標是什麼。因此，只有跟隨他人的步伐，才能勉強找到真正的方向。

為了擺脫這種盲目心理，我們應該多花一點時間，冷靜思考一下：目前最重要的目標有哪些？為什麼這些目標這麼重要？而達成這些目標，對自己又有哪些實質上的好處？

唯有確認這些目標對自己存有相當程度的價值之後，在努力的過程之中，才會有意義，才會有明確的方向感與使命感，才會使自己有長遠發展的動力。

天底下最愚蠢的事，莫過於照他人期望的模式生活，犧牲真正的自我。你要記住：為你的一生「付帳」的人，只能是你自己。那為什麼還要太在意他人的看法，讓他人來左右你的人生呢？

人生不可能是完美的，即使你做得再好，也無法達到每個人的要求。人生充滿艱難險阻，能在困頓中學會良好的適應之道，才是邁向

法則二 與庸人較量越多自己越差
14「老鼠」的問題所在：

成功的根本。

　　只有你前進的步伐明顯出眾，才有機會讓更多的人駐足欣賞你漂亮的舞姿。

15
善與英雄共舞

「與英雄共舞」就是指善於與成功者交往。與成功者交往有兩個最重要的必備品質——富有同情心和能將心比心。一個人只有更多的從他人的角度考慮問題，為他人著想，才能獲得與他人和諧相處的機會。

人類沒有必要讓自己變得自私自利。我們不能過著與世隔絕的生活，他人也不能遠離我們而生存。在家中、生意場上、學校裡以及在世界任何一個角落，我們都離不開別人的幫助，但這種幫助一定要來自於那些具有高尚情操以及遠見卓識的英雄們的身上。如果這種幫助來自於一些碌碌無為的「小老鼠「身上，那麼這種幫助只會阻礙我們的發展腳步。

我們應該學會與成功者協作而不是處心積慮爭鬥，人類融和的價值遠遠大於分裂。

你不要企圖透過犧牲或損害你的合作夥伴的利益，作為代價贏得成功。如果你能給予他們足夠的尊重和信賴，你同樣會取得成功。

你應該學會如何與成功者相處這項最重要的生活技巧。你的領導技巧和人格魅力直接關係著你能否獲得成功，這遠比你所掌握的任何技術性的技藝對你的人生影響都深刻得多。

法則二 與庸人較量越多自己越差
15 善與英雄共舞

　　還有一點你要清楚，尊重他人的感受和想法能使他們感到自己的價值得到肯定。

　　人們都喜歡體會做一個重要人物的感覺。你要慷慨地讚美他們的一切成績，和他們一起為此慶賀。你要竭力弄清楚他人的渴望和需要，學會從他們的立場看問題。不要武斷專橫、頑固偏執，否則你會忽略他們的意見。只要你能從多個完全不同的側面看問題，你的人生就會豁然開朗，收穫更多意外的驚喜。

　　對那些成功人士善意地表示出你想了解他們的興趣。傾聽他們的訴說，給予他們自己力所能及的幫助。千萬不要作繭自縛，一門心思只關心自己的需要。將心比心，你就能理解他們的處境，你也能因此同他們建立起和諧融洽的人際關係。

　　關注成功者的興趣和愛好，鼓勵他們敞開心扉，盡情抒發自己內心的感受。不要在交談中急不可耐地表達自己的意見或總是將自己置於中心地位。學會耐心地傾聽，能使你獲益匪淺。如果你能合上你的嘴，敞開你的心靈和大腦，你所得到的回報將是無與倫比、不可限量的。

　　成就一項事業，需要很多人同心協力。如果你私心太重，你將過得十分孤獨。正是因為他人的存在，我們的生活才變得富有價值和意義。

　　更多地「與英雄共舞」吧，那樣會帶給你無數溫馨而快樂的時光。

16
給「雄獅」的三點建議

不是說「雄獅」就永遠不會犯錯，事實上，他們所犯的錯誤有時往往是致命的。為此，「雄獅們」不妨多多借鑑以下三點建議：

①及時爭取援助

一隻雄獅如果太自負、不合群，那麼牠最終會被獵人捕殺。同樣，一個聰明的人會覺得自己和其他人格格不入，於是很自然就會物以類聚、人以群分了。這種現象通常會在公司裡發生。

美國高峰通訊公司的執行總裁詹姆斯‧衛斯理說：「聰明人多半只喜歡和其他聰明人在一起，那本來是好事，可是，當這些人開始依靠聰明，排斥經驗，大事就不妙了。當一班聰明人一致同意了一個計畫，他們會對這個計畫堅持到底，即使其他人都已看到方向錯誤，他們也不會回頭。」

幾十年來，萬國商業機器公司在電腦工業中一直獨霸一方。後來大型電腦的市場開始衰退，消費者轉為需要較小、較便宜的家庭小型電腦。然而，萬國商業機器公司的經理階層卻沒有及時虛心聽取他人的建議。結果如何？該公司在過去兩年共虧損了七十八億美元，創下了空前記錄，被迫要大量裁員。

從事例中，我們可以看到，要和別人合作順利，聽取別人的意見是非常重要的。可是，有些聰明人因為對思想比他們慢的人不耐煩，不願聽取他們的意見，這樣只會導致自己的失敗。

由此可見，聰明人要善於爭取援助，才不失為明智之舉。

②做事要三思而後行

聰明人都喜歡行險招，結果往往是聰明反被聰明誤。美國前參議員加利 · 赫特的事例就為我們敲響了警鐘。

赫特曾被《紐約時報》譽為「當代美國政界最有智慧的人之一」。一九八七年初，他競選民主黨候選人，勝算極大。當時有傳言說他有婚外情，於是他向新聞記者挑戰：「跟蹤我吧。」結果那些記者真的去跟蹤他了，發現他和當時著名的模特兒當娜 · 萊斯在一起。一張小報刊出了赫特在遊艇「胡鬧」號上把萊斯抱在懷裡的照片後，赫特想成為總統的美夢隨即破碎了。這是他自己不顧後果的結果。

可見，做事不計後果，最終只會吃苦果。一個真正的聰明人要想不犯這樣的錯誤，做事一定要認真考慮後果。

③不可目空一切

無論是在工作上，還是在生活中，我們都要承認這樣一個簡單的事實：在這方面勝人一籌，並不等於在另一方面也一定能成功。

哈佛商學院畢業生維克托 · 奇亞姆利用電視廣告推銷他的雷明

要當獅子就別與老鼠爭鋒
成功者只做最重要的事

登產品，賺了好幾百萬美元。一九八八年，奇亞姆收購了職業足球隊——新英格蘭愛國者隊。可是，經營一支正在掙扎中求生存的足球隊和推銷產品完全是兩回事，奇亞姆卻認為自己擁有雄厚的實力，完全可以撐起這支球隊，但結果恰恰相反，他因此虧損慘重。到奇亞姆把球隊出讓的時候，他已經損失了幾百萬美元。

　　一個人只有正確認識自己在某一方面的專長，並在這一領域裡保持謙虛的態度，才會大有所為，否則只有走向失敗。

　　許多有傑出成就的聰明人都會從一些大錯中取得教訓。他們願聽別人的意見，不會目空一切。他們積極徵求他人的建議，知道自己的弱點在哪裡。他們知道，如果你只是第二名，就要加倍努力。

17
成功的祕訣就是抓住大目標不放

「老鼠」之所以始終是「老鼠」，是因為他們沒有明確的行動目標。就因為他們沒有具體的行動目標，所以當他們沒有做出成就時，他們就會解釋說他們並沒有真正的失敗，因為他們從未設定目標。這是他們比較安全而又沒有風險的說法。

誠然，設定目標有風險，但是如果不去設定目標，風險更大。每個人被創造出來都有自己的使命，只有敢於設定更高的目標，才有可能完成自己的使命，否則只會使自己走向失敗。戴爾 • 卡內基說：「世界上最重要的事，不在於我們處在何處，而在於我們朝著什麼方向走。」

每一個人都知道，目標很重要。然而，一般人在人生的道路上，只是朝著阻力最小的方向行事，他們只會「和老鼠比賽」，他們只能成為大多數的普通人，而不是第一流的人物。

讓我們看看拿破崙是如何從一名平凡人物成長為第一流人物的。

拿破崙年輕的時候，由於家中生活貧困，他灰心到了極點，他差點放棄追求，而成為一個「普通人」。

當時，他的父親送他進了一個在布列訥的貴族學校。在這裡，與他往來的都是在他面前極力炫耀自己富有而譏諷他窮苦的同學。後來

要當獅子就別與老鼠爭鋒
成功者只做最重要的事

他實在受不住了，他寫信給父親，說道：「為了忍受這些外國孩子的嘲笑，我實在疲於解釋我的貧困了，他們唯一高於我的便是金錢，至於說到高尚的理想，他們是遠在我之下的。難道我應當在這些富有而高傲的人之下謙卑下去嗎？」他下定決心，他發誓要做給他們看看，他確實是高於他們的。

在他十六歲那年，他接受了第一次軍事徵召，他步行到遙遠的發隆斯加入部隊。等到了部隊，他看見他的同伴正在用多餘的時間追求女人和賭博。而他那不受人喜歡的體格使他沒有資格得到前者，同時，他的貧困也使他得不到後者。於是他改變方針，用埋首讀書的方法，去努力和他們競爭。

他並不是讀沒有意義的書，也不是專以讀書來消遣自己的煩悶，而是為自己理想的將來做準備。他下定決心要讓全天下的人知道自己的才華。透過幾年的努力，拿破崙開始走上了通往權勢的道路。

這時，一切的情形都改變了。從前嘲笑過他的人，現在都擁到他的面前來，想分享一點他得的獎金；從前輕視他的，現在都希望成為他的朋友；從前揶揄他是一個矮小、無用、死用功的人，現在也都改為尊重他。他們都變成了拿破崙的忠實擁戴者。

不可否認，拿破崙確實聰明，他也確實肯下功夫，不過還有一種力量比知識和苦功來得更為重要，那就是他想超過戲弄他的人的野心，即對偉大目標的堅定追求。他之所以成為偉大的人物，完全是由他的堅定意志決定的，他的這種堅定來自於克服自己的缺憾而力求得

法則二　與庸人較量越多自己越差
17 成功的祕訣就是抓住大目標不放

到勝利的決心。

　　凡是一流的人物從不承認生活是不可改造的。他會對他當時的環境不滿意，不過他的不滿意不但不會使他抱怨和不快樂，反而使他充滿熱忱，激發他闖出一番事業來，而其所作所為便得出了這樣的結果。

　　我們尊敬拿破崙是因為他做了這麼多事，希望我們也能效法其精神做一點事。但是，假如我們做了一件還稱得上有價值的事卻失敗了，便藉故來掩飾自己，那我們則是以自己的缺憾來自我炫耀。缺憾應當作為一種激勵，而不可以作為一種寬恕。

　　要知道，一個人最大的錯處便是不做一點事——躲藏在困難的後面，畏縮不前，什麼事情都不敢放手去做。

　　不論你從事什麼職業，都沒有什麼不同，不論你是醫生、商人、律師、推銷員、牧師等，都有富裕的人跟你從事相同的工作。但是，不管你做的是什麼，在相同的職業上已經有許多人做出過重大貢獻。使你成功或失敗的不是職業或專業，而是你對自己以及職業的看法。偉大的目標應是「你必須在偉大之前，先看到它的偉大」，這時，你就會遠離於「老鼠間的比賽」，並擁有十足的自信心。

　　當你設定了偉大的目標後，開始時不要嘗試克服所有的阻礙。如果所有的困難一開始就解決得一乾二淨，便沒有人願意嘗試有意義的事情了。你早上離家之前，打電話詢問所有的路口交通號誌燈是否都變綠了，交警可能會認為你無聊。你應知道你是一個一個通過紅綠

要當獅子就別與老鼠爭鋒
成功者只做最重要的事

燈，走到你能看到的那麼遠的地方，而且當你到達那裡時，你會看得更遠。

　　偉大與接近偉大的差異就是：如果你期望偉大，你就必須每天朝著目標工作。不要被不重要的人和事過多打攪，因為成功的祕訣就是抓住偉大的目標不放。

法則三「懶人推動了歷史」

　　在艱難的成功之路上，成功者的命運總被人評價為一種模稜兩可的勤奮。這種勤奮就道德來說是一種美德，而對成功的本質來說卻未必如此。

18
這裡的「懶人」是個什麼概念

在這個繁忙的、快節奏的現代社會，很多人都把時間浪費在一些並不重要的事情上。他們把大量的時間和精力用在追求一些對成功和快樂毫無益處的目標上；他們看似勤奮，實則是在浪費自己的生命而已。

儘管很少有人去認真思考這一點，但無數事實證明：只追求那些能改善生活品質的東西才是我們最佳的選擇。要知道，生活中只有少數幾件事是真正重要的，而它們對成功和快樂的影響卻有顯著的作用。因此，對於工作來講，我們要學會「聰明的工作而不是努力工作」。

有人曾經這樣說過：如果你想更快和更輕鬆地完成某件事情，那麼就把它交給一個「懶人」去做吧！那麼，這裡的「懶人」究竟是個什麼樣的一個概念呢？

顯然，這裡的「懶人」並不是指一個不重要的、能湊合的、沒有效率的懶人。恰恰相反：這裡所說的「懶」是指效率優先的懶惰，這種懶惰能為你的生產和生活帶來更多的創造性。而本文中的「懶人」，也就是指那些「懶惰的成功者」。

「懶惰的成功者」代表的是一種積極實踐的、有效率的懶人，他們

通常用中等程度的努力就能實現成功。

可以肯定，要成為一個具有適度的懶惰和高效率的人，你首先得是一個聰明和有創造性的人。做事的關鍵是，要把精力集中在重要的結果上，而不是集中在你花了多少時間上。

威風凜凜的獅子在沒有捕獵之前，總是給人一種懶散、無所事事的錯覺。但是，一旦發現獵物之後，牠會：追逐——撲倒——斷其喉——食其肉，一切就這麼簡單，牠要的就是這種結果。

19

「蟻王」一定是那個最懶的傢伙

　　成功人士和那些具有領袖氣質的人，往往只做自己喜歡和認為重要的事，而對於其他事，往往能不做就不做，能推遲就推遲，實在非做不可的，也要想個最簡便的方法。他們絕對不會像「老鼠」那樣把每件工作都一絲不苟完成。

　　事實上，人類許多發明創造都源自於這種懶人的想法。人正是懶得推磨，才發明了風車；懶得走路，才發明了汽車……巧於懶惰的人，身上常常閃爍著創造的火花。「懶」從某種角度來說，既能成為一種創造的動力，也能提高生產的效率。

　　長期以來，人們一直認為懶惰是最丟人的事。實際上，「懶漢」極大的推動了社會的進步，他們懂得如何做正確的事。沒有「懶漢」，再勤勞的人也會沉溺於單調乏味的勞作中而無法自拔，因為一個人過於忙碌工作而沒有時間去思考要做的事，他將無法充分發揮自己的潛能。懶人卻有充分的時間去思考、去創造。

　　一個世紀以前，有個叫韓弗理‧波特的少年，人家雇他坐在一台討厭的蒸汽發動機旁邊工作，每當操縱杆敲下來，就把廢蒸汽放出來。他覺得這工作太累人，於是想辦法在機器上裝了幾條鐵絲和螺栓，使得閥門可以靠這些東西自動開關。這樣，他不但可以脫身走

掉，玩個痛快，而且發動機的功率立刻提高了一倍。他就這樣發現了經複式發動機活塞的原理。

在日常生活中，我們經常會看到，懶惰的飯店服務員所提供的服務往往是最令人滿意的，他們總是力爭一次就把餐具都送到餐桌上，因為他們討厭多走路，哪怕是半步；而那些勤快的夥計卻端上咖啡而不帶方糖和勺子，反正他們不在乎多走幾趟，每次只取來一樣東西，結果咖啡已經涼了。

人類的祖先生活在條件惡劣的山洞裡，每次想喝水，都要走到溪水旁邊才行。於是他們發明了最初的水桶，用水桶可以把足夠一天飲用的水一次提回去。不過，如果他們連水桶也懶得提了，下一步就會想到發明管道了，水可以順著管道從小溪一直流進自己的屋子裡。為了不必翻山挑水，水泵和水車也被發明了出來，這無疑都是「懶漢們」的貢獻。

最傑出的動作研究之父弗蘭克‧B‧吉爾布雷斯，常常把各行各業優秀工人的勞動動作拍成影片，以判斷一種工作最少可以用幾個動作完成。經過反覆觀察，他發現，「懶漢」往往才是最優秀的工人，人們可以從他們身上學會許多東西，這種人懶得連一個多餘動作都不肯做。而勤快一些的人效率要低得多，因為他不在乎把力氣花在多餘的動作上。

同樣，懶人往往比勤快的人更適合做領導，因為他們有時間思考，有時間「補養」。在螞蟻王國中，蟻王一定是那個最懶惰的傢伙。

要當獅子就別與老鼠爭鋒
成功者只做最重要的事

精神的懶惰也同樣推動了歷史的發展。許多重要的法則和定理都是「懶漢」想出來的，因為他們想在腦力勞動上尋找捷徑。有了這些法則和定理，很多複雜的計算就變得非常簡單了。

想想看，如果那些定理、法則沒有被發現，我們在生活裡將會遇上多麼複雜的局面，將會碰到多麼令人筋疲力盡的麻煩啊！

培養一點「懶漢」精神吧，生活中總有大量的事情等待我們去處理，如果你減少一些工作量，你就會有空做一些廣泛的研究，你的創造性思維也會越來越活躍，成功也變得指日可待。

20

懶人成功的三個理由

有些看似勤奮的「老鼠」為什麼不能成功，而那些看似很懶的人卻更容易取得成功呢？

這裡有三個充分的理由。因為他們善於「補養」，懂得正確思考，同時兼具一種獨闢蹊徑的進取精神。正是基於這三點理由，他們才有別於那些看似勤奮的「老鼠」。

①善於「補養」

「補養」即學習，善於學習是懶人成功的三個理由之一。

獅子在無奈看著新的獵物逃掉之後，總會認真總結、反覆研究。牠認為：新的獵物必須要用新的捕獵方式來對待。

在我們周圍，一切事物隨著歲月的流逝都會不斷「折舊」，你賴以生存的知識、技能也一樣。在風雲突變的商品經濟社會，腳步遲緩的人瞬間就會被甩到後面。迪安‧臘斯克曾經說：「事物變化的速度太快，我們必須有一套著眼於明日的方法，否則根本無法跟上時代的腳步。」埃里克‧霍弗也曾這樣說：「在瞬息萬變的社會裡，唯有虛心學習的人才能夠掌握未來。自認為學識廣博的人往往只會停滯不前，結果所具備的技能沒多久就成了不合時宜的老古董。」

要當獅子就別與老鼠爭鋒
成功者只做最重要的事

可見，要想在當今競爭激烈的商業環境中勝出，我們就要從工作中吸取經驗，探尋智慧的啟發以及有助於提升效率的資訊。不管你是要攀上職業生涯的頂峰，還是希望在目前位置上獲得良好聲譽，都必須學會像某些懶人一樣，擁有善於學習的能力，讓自己的工作技能隨時保持在巔峰的狀態。

懶人的學習方法有很多，他們善於透過閱讀、聆聽、冒險以及吸取新的經驗，來克服無知的障礙，避免因無知而滋生出自滿，甚至損及自己的職業生涯。你一定也要像這種懶人一樣做好自我監督，別讓自己的技能落在時代後面。

當你的工作順利進行的時候，要努力學習；當工作進行得不順利、或是他人的期待很高的時候，那就把學習的能力不斷提高──在眼前這個瞬息萬變的世界裡，善於學習是讓我們能夠為自己開創一番天地的法寶。美國年輕的 ABC 晚間新聞主播彼得 · 詹寧斯就是一個善於學習的人。

彼得當了三年主播之後，做了一個很大膽的決定：他辭去了令人豔羨的主播職位，決定到新聞第一線去磨練自己作為記者的工作技能。他雖然連大學都沒有畢業，但是卻以工作作為自己的教育課堂。他在國內報導許多不同路線的新聞，並且成為美國電視網第一位常駐中東的特派員，後來他又到了倫敦，成為歐洲地區的特派員。經過這些歷練之後，彼得重新回到 ABC 主播台的位置，成為美國廣受歡迎的年輕主播。

可見，不管你有多麼成功，都要對專業生涯的成長不斷投注心力。如果不這麼做，工作表現就很難有所突破，終將陷入日復一日、反覆重複的陷阱裡。

工作的最佳保障是善於學習，在新的方向不斷探尋、適應以及成長。未來的市場競爭將不再是知識與專業技能的競爭，而是學習能力的競爭。一個人如果善於學習，他的前途必將一片光明。

你還要記住，不管你有多能幹，千萬不要自我膨脹到目中無人的地步。開放心胸接受智者的指點，了解自己有哪些還需要加強，發揮自己的才能，並且探尋新的機會，但絕不要和那些「老鼠級」的人物混同在一起，你所需要的是能夠對你直言不諱的人，並且能夠激發自己接受未知挑戰的力量，這樣的人將是你在專業領域上能夠取得成功的無價寶藏。

一個聰明的懶人還善於總結經驗和教訓。如果遇到某些難題，你千萬不要用同一個方法猛鑽牛角尖，妄想總有一天會取得成果是不可能的。你必須想辦法改進自己的工作方法，否則就會被拋在時代的後面吃灰塵。

如今的社會是一個高速發展的社會，只要沒有定期充電，轉眼之間就會被時代淘汰，這種事發生的速度是很快的。智者固然能夠鼓勵你努力成長，但是最後還是要你自己刺激學習的意願，才能夠吸收到所需的專業知識。你所具備的知識越豐富，你自身的價值也就越高。

雄獅正是因為在每一次捕獵行動之後，都能積極從成功與失敗中

要當獅子就別與老鼠爭鋒
成功者只做最重要的事

認真總結經驗、教訓，並不斷學習新技能，才使得牠不斷提高下一次捕獵成功的機率。

②懂得正確思考

一切切實可行的行動皆源自於正確的思考，這也是懶人成功的先決條件之一。

思考的力量是巨大的，所有計劃、目標和成就，都是思考的產物。你的思考能力，是你唯一能完全控制的東西。那些「老鼠們」往往不善於思考，他們在工作中因此也會遇到許多取捨不定的問題；相反，善於正確思考的懶人卻能夠發揮其巨大的威力，它可以決定一個人應該採取什麼樣的行動。

懶人善於把思想當做一塊土地，經過認真而有計劃的耕耘，就可以把這塊土地開墾成產量豐富的良田，而不善於思考的「老鼠」則會讓它荒蕪，任由它雜草叢生。

想要把思想轉變為良田，你必須努力地做好各項準備工作，這些工作的安排和執行就是正確思考的結果。

其實，正確思考的變化往往蘊含於取捨之間，因為這樣做，還是那樣做，這是由一個人的思考能力決定的。不少人看似素質很高，但他們卻因為難以捨棄眼前的蠅頭小利，從而忽視了更長遠的目標。善於思考者有時僅僅在於抓住了一兩次被別人忽視了的機遇，他們透過這一兩次的機遇，也使自己更快邁入了成功的快車道。機遇的獲取關

鍵在於，你是否能夠在人生道路上進行果敢的取捨。

　　大多數人的取捨行為，例如在選擇宗教、參與政黨甚至買車時，都不以他們對於目標的正確思考作為決定的依據，而是受到親戚、朋友的影響；但善於思考的懶人完全不同，除非他們對目標做過深入的分析，否則不會接受任何政黨、宗教或其他思想。他們會自由決定取捨，並且從取捨的過程中獲得更大的利益。

　　這就像每一頭善於捕獵的獅子一樣，牠們都有自己眼中的捕獵物件，牠們不會因為其他獅子的捕獵習慣而影響或破壞了自身的行為方式。

　　可見，沒有正確的思考，是不會成就偉業的，如果你不學習正確的思考，是絕對做不成大事情的。以下兩種推理方法可以作為你正確思考的理論基礎，你不妨從中學習，然後加以分析，這一定會讓你受益無窮。

　　第一，歸納法。這是從部分導向全部，從特定事例導向一般事例，以及從個人導向宇宙的推理過程，它以經驗和實證作為基礎，並從基礎中得出結論。

　　第二，演繹法。這是以一般性的邏輯假設為基礎，從而得出特定結論的推理過程。

　　這兩種推理方法之間有很大的不同，但二者可以一起運用。例如，當你用石頭砸玻璃的時候，只要石頭本身的性質不變，玻璃一定會被打破。反覆幾次用石頭砸玻璃之後，你可歸納出一個結論，即玻

要當獅子就別與老鼠爭鋒
成功者只做最重要的事

璃是易碎的，而石頭不易碎。根據這個結論，你又可以演繹推理出其他不易破碎的東西也會打破玻璃，就像石頭會打破其他易碎的東西一樣。

為確保你推理的正確性，你就必須嚴格要求自己進行正確的思考，進而審查你的推理結果，最終找出其中的錯誤。除了審查你自己的思考過程之外，你還可以運用這兩種推理方式，審查別人的思考結果是否正確。

另外，你不要提供沒有事實或正確假設作為根據的意見。正確思考者在沒有考慮成熟之前，是不會提供任何意見的。雖然他們從別人那兒聽取事實、資料和建議，但是他們保留接受與否的權利。

如果你要接受他人的理論，就應該找尋他發表這一理論背後的動機。是否應接受狂熱者的言論你必須謹慎決定，因為這種人的情緒很容易失控。雖然有些人的動機是值得讚揚的，但值得讚揚的本身並不等於正確。

無論誰企圖左右你，你都必須充分發揮你的判斷力並小心謹慎行事，如果言論顯得不合理，或是與你的經驗不符時，便應該做進一步思考。

「老鼠」之所以平庸往往是因為他們不愛動腦筋，這種習慣制約了他們的發展。相反，那些成大事的懶人無一不具有善於思考的特點，他們善於發現問題、解決問題，不讓問題成為人生難題。

可以講，任何一個有意義的構想和計畫都源自於正確思考的結

果。一個不善於思考的人，會遇到許多舉棋不定的情況；而一個正確的思考者卻能運籌帷幄，做出正確的決定。

你要成就大事，首先要思考你的事業，思考你自己，向自己問問題，只有養成了這樣的習慣，在事業的開創過程中，才會引導自己一步步走向成功。

③獨闢蹊徑的進取精神

獨闢蹊徑的進取精神是指那些「懶惰的成功者」具有獨特的眼光、敏銳的觀察力和預見力，想前人所不敢想，為前人所不敢為，大膽創新，去開拓新領域的超人能力。

在現實生活中，那些勤奮的「老鼠」往往缺乏這種獨闢蹊徑的進取精神。他們只會四處盲目地尋找自己的出路，事實上，他們已經「迷路」了。

你要明白，獨闢蹊徑，不僅能夠使本來複雜的問題變得簡單明瞭，而且還會使我們從另一個角度去認識世界，找出創造成就的「捷徑」。可以說，它也往往意味著改變傳統的思路。

當然，想要獨闢蹊徑不僅要有敢於吃螃蟹的勇氣，而且還需要有堅忍不拔的毅力，不顧別人的阻撓與嘲諷，認準了路就要堅持走下去。

一個成功的企業家是否具有「見別人之未見，行別人之未行」的創新精神，與其事業的成敗休戚相關。

要當獅子就別與老鼠爭鋒
成功者只做最重要的事

法國著名美容品製造商伊夫 · 洛列就是一個善於獨闢蹊徑的人。

起初，伊夫 · 洛列對花卉抱有極大的興趣，經營著一家自己的花卉店。一個偶然的機會，他從一位醫生那裡得到了一種專治痔瘡的特效藥膏祕方，他對這個祕方產生了濃厚的興趣。他想：如果能把花卉的香味深入這種藥膏，使之成為芬芳撲鼻的香脂，應該會很受人們歡迎的。

於是，憑著濃厚的興趣和對於花卉的充分了解，伊夫 · 洛列經過晝夜奮戰居然研製成了一種香味獨特的植物香脂。他興奮帶上他的產品去挨家挨戶推銷，取得了意想不到的結果，幾百瓶試製品幾天的工夫就賣得一乾二淨。

由此，伊夫 · 洛列想到了利用花卉和植物來製造化妝品。他認為，利用花卉原有的香味來製造化妝品，能給人以清新的感覺，而且原材料來源廣泛，所能變換的香型種類也很繁多，前景一定很廣闊。

他開始去遊說美容品製造商實施自己的計畫，但在當時，人們對於利用植物來製造化妝品是持否定態度的。洛列並沒有因此而放棄，堅信自己的新穎想法一定能夠成功。於是，他向銀行貸款，建起了自己的工廠。

一九六〇年，洛列的第一批花卉美容霜研製成功，便開始小批量投入生產，結果在市面上引起了巨大的轟動。在極短的時間內，就賣出了七十萬瓶美容霜，這對於洛列來說，無疑是個巨大鼓舞。

為了促進銷路，他還別出心裁在廣告上附上郵購優惠單，他相信

一定會引起更多人的注意。於是，他在《這兒是巴黎》雜誌刊登了一則廣告，上面附有郵購優惠單。《這兒是巴黎》是一份發行量較大的雜誌，結果其中百分之四十以上的郵購優惠單寄了回來，伊夫・洛列成功了。他這種獨特的郵購方式使他的美容品源源不斷賣了出去。

一九六九年，洛列擴建了自己的工廠，並且在巴黎的奧斯曼大街上設了一個專賣店，開始大量地生產和銷售化妝品了。如今他在全世界的分店已近千家，其產品被世界各地的人們所使用。

從以上我們可以看到，伊夫・洛列能夠別出心裁，獨闢蹊徑，打破常規。他利用花卉來製造美容霜，而且還採取了一種懶惰的方法——就是當時聞所未聞的郵購方式，這為他節省了許多寶貴的時間，從而使他的事業取得了巨大的成功。

你要透過獨闢蹊徑去獲得機會、贏得成功，應該從伊夫・洛列的成功經驗中吸取一些有益的啟示。

首先，要能在平常的事情上思考求變。能夠獨闢蹊徑的懶人，其思維富有創造性，善於從習以為常的事物中圖新求異，主動反常逆變，去認識世界，改造世界。

其次，要不為現行的觀點、做法、生活方式所牽制。巴爾扎克說：「第一個把女人比做花的人是聰明人，第二個再這樣比喻的話，就是庸才了，第三個人則是傻子了。」

再次，要留意他人，學習他人，但一定要有自己獨到的見解。要養成獨立思考的習慣，自己在觀察事物、觀察別人成功經驗的同時，

要當獅子就別與老鼠爭鋒
成功者只做最重要的事

獨創出自己的見解。

　　在我們周圍，許多人在追求機會的道路上，雖窮盡心力，但終究得不到幸運女神的青睞，對此，最好的辦法就是想他人所未想，做他人所不為的事情，獨闢蹊徑謀求成功。

　　是老鼠，還是雄獅，看你是否擁有獨闢蹊徑的進取精神。我們最終要的是從平凡到卓越的結果，這種結果是需要透過獨闢蹊徑來完成的。

21
善用——懶人的成功聖經

在開創成功的道路上，一個善用而非濫用的懶人，可能賽過十個老謀深算者。尼古拉 · 海克便 是這樣一個傑出的人。

一九八○年代初，日本鐘錶製造業已掀起了低檔錶製造的狂潮，而瑞士已完全退出低檔錶的市場。瑞士製造的低檔錶占百分之零，中檔錶占百分之三，豪華錶則占百分之九十七。實際上，他們已被納入該行業低增長的一個角落。

當時的瑞士工程師顧問尼古拉 · 海克，針對此現象問過這樣一個問題：瑞士既然擁有世界上成本最高的鐘錶生產基地，製錶商為什麼不能從精工和西鐵城這樣的日本對手中重新奪回瑞士「低檔」鐘錶的市場呢？顯然，這個觀念的產生對任何一位瑞士公民或「親歐者」都具有感情吸引力。

為了達到這個目標，尼古拉 · 海克購買了瑞士微電子設備與製錶公司的控股權，並成立了帥奇公司。

起初，銀行都不願借錢給這一企業，因為他們認為，在高成本勞動環境中運行的瑞士公司，不可能爭得過擁有低成本亞洲資源平台的日本競爭對手。因此，海克的問題「我們為什麼不能與日本人競爭」，需要一個聰明的回答。要想生產出一種樣式新穎、平均售價四十美元

要當獅子就別與老鼠爭鋒
成功者只做最重要的事

的表，就需要在設計、製造和銷售方面進行徹底革新。

於是，海克以極富創新精神的製造過程，將勞動成本削減到製造成本的百分之十以下，只及零售價格的百分之一。對此，海克自豪的說，即使日本工人把他們的工時白白奉獻了，帥奇照樣能賺取可觀的利潤。

尼克拉 · 海克成功的經驗說明，真正的聰明人是那些善用而非濫用的懶人。假如你過於忙碌工作而沒有閒暇時間去思考你做的事，你將無法利用你的成就。只有善用而非濫用資源的人，才有空做廣泛而非狹隘的研究。

假如你過於專注自己小小的領域，就不會知道其他領域會對你目前從事的事業有多大的影響。

可見，善用一切合理資源是懶人成功的法寶，是真正聰明人的成功聖經。

22
簡潔——懶人的生活真諦

西方有位著名的哲學家曾這樣說過:「沒有人能背著行李游到岸上。」同樣,人生的旅途上,無論步行還是搭載而行,超重的行李都會讓你多花很多金錢和體力。

漫漫人生之旅,過多的「行李」讓你付出的代價甚至還不僅僅是金錢和體力。你可能不會像沒有負擔那樣迅速實現你的目標;更令人難以忍受的是,你可能永遠都不會實現你的目標。這不僅會剝奪你的滿足感和快樂,而且最終它還會讓你發瘋。

那些看似勤奮的人們,整日背著「行李」生活,他們認為只有這樣才會有成功的滿足感,然而他們卻放棄了追求簡潔而快樂的生活真諦。事實上,只有懶人才明白:簡潔是生活的真諦。

說到快樂,其實根本不用什麼偉大的理論勸慰世人要淡泊,凡事只要能控制住自己物欲的膨脹和無謂的忙碌,就能感受到自己所追求的快樂。

如果一個人在物質上能夠保持恬淡與簡潔,那麼在精神上就會有更大的空間來豐富自己。在短暫的生命中,每個人都應該留一些空間做自己想做的事,讓自己的生活更加簡潔而快樂。

那些沒下海經商的人總會說那些下海弄潮的人活得有意思,可是

要當獅子就別與老鼠爭鋒
成功者只做最重要的事

已經在商海裡撲騰了幾回、發現掙錢很難的人卻說，海上風光如海市
蜃樓，也沒多大意思！其實，問題不在於生活本身有沒有意思，而在
於你以什麼樣的心態、意識去感受生活，在於你有沒有選擇的興趣和
追求的信心。

平淡的日子，你可以有不平淡的感覺；沒意思的事情，你可以尋
求它的意思。這不是知足常樂，而是一種不知足也可以常樂的生活態
度。

有這樣一個大家都很熟知的故事：

一個美國商人坐在東海岸邊一個小漁村的碼頭上，看著一個漁夫
劃著一艘小船靠岸，小船上有好幾尾大黃鰭鮪魚；這個商人對漁夫捕
到這麼高檔的魚恭維了一番，問他要多少時間才能抓到這麼多魚？漁
夫說，不一會兒的功夫就抓到了。

商人又問：「你為什麼不多待一會兒，再多抓一些魚？」

漁夫不以為然的說：「這些魚已經足夠我一家人生活所需了！」

商人又問：「那麼你一天剩下那麼多時間都在幹什麼呢？」

漁夫解釋：「我每天睡到自然醒，出海抓幾條魚，回來後跟孩子們
玩一玩，再跟老婆睡個午覺，黃昏時晃到村子裡喝點酒，跟朋友們玩
玩吉他，我的日子可過得既充實又忙碌呢！」

商人顯得很不以為然，幫他出主意說：「我是美國哈佛大學企管碩
士，我倒是可以幫你忙！你應該每天多花一些時間去抓魚，再買更多
漁船。然後你就可以擁有一個漁船隊，到時候你就不用把魚賣給魚販

子，而是直接賣給加工廠，或者你可以自己開一家罐頭廠，這樣你就可以控制整個生產、加工處理和行銷。然後你可以離開這個小漁村，搬到洛杉磯，最後在紐約。在那裡經營並不斷擴充你的企業。」

漁夫問：「這要花多少時間呢？」

商人回答說：「十五到二十年。」

漁夫問：「然後呢？」

商人說：「然後你就可以在家運籌帷幄，時機一到，你就可以宣布股票上市，把你的公司股份賣給投資大眾。到時候你就發大財了啦！」

漁夫問：「再然後呢？」

商人說：「到那個時候你就可以退休了，你可以搬到海邊的小漁村去住。每天睡到自然醒，出海隨便抓幾條魚，跟孩子們玩一玩，再跟老婆睡個午覺，黃昏時，晃到村子裡喝點酒，跟朋友們玩玩吉他！」

漁夫不屑的說：「有那麼複雜嗎？我現在不是已經在享受退休待遇了嗎？」

是啊，我們有必要把生活弄得那樣複雜嗎？簡潔才是生活的真諦。可是，現實生活中，的確存在這樣的人，而且還不在少數，他們常常把本來非常簡單的事情想得很複雜。他們的痛苦源自對追求喪失了信心，他們不能像快樂的人那樣清楚如何安排生活，他們每天睜開眼睛總是迷茫自問：「我究竟要幹什麼？」

還有一些這樣的人，當他們下了班以後，如同洩了氣的皮球，整

要當獅子就別與老鼠爭鋒
成功者只做最重要的事

個身體癱坐在電視前面，要不就是酗酒、豪賭。這種「老鼠式」的生活，又怎能體會到應有快樂呢？

要尋找快樂，就要懂得對人生的追求做出選擇，看你究竟把什麼擺在第一位？是權力、名聲、財富，還是快樂？那麼，現在就請你記住，追求快樂是一種生活的態度。假使一個人一輩子有錢、有權、有名，卻沒有快樂，仍舊只能算是虛度此生。

現代人時常抱怨每天的生活平淡乏味，其實，這不過是發現了一個真理——生活原本就是平淡無奇的。人的生活之所以會有所不同，當然是由於受諸多因素的影響而有所不同，但從根本上說是由於存在不同的心態。任何人的生活都有一個常規，而這個常規意味著每天要過同樣的生活，平淡無奇的生活。

一個追求簡潔而又善於放鬆自己的懶人常有充實的人生。一個人若時常追求複雜而奢侈的生活，則苦難沒有盡頭，不僅貪欲無度，煩惱不斷，而且日夜不寧，心無快樂。

在這裡，「懶惰的獅子」告訴你這樣一個道理：平凡是人生的主旋律，簡潔則是生活的真諦。

23
懶人力求最大化簡化工作

懶人善於把複雜的事物簡明化，這是防止忙亂、獲得事半功倍之效的法寶。

在日常工作中，我們經常看到懶人善於把複雜的事物簡明化，辦事效率又快又高；而那些「老鼠級」的人物卻常把簡單的事物複雜化，迷惑於複雜紛繁的現象之中，使複雜的事物越複雜，結果只能深陷其中走不出來，工作忙亂被動，辦事效率極低。

這兩種類型的人其工作水準、效率之高與低，就在於他們會不會運用化繁為簡的工作方法和藝術。

在當今這個發展日新月異的新經濟時代，用簡化的方法提高效率，對於加速自我成功的步伐，具有十分重要的意義。

假如你能夠將一切事務簡單化，生活必然會輕鬆很多。不幸的是，倘若人們需要在簡單和複雜的做事方法之間進行選擇時，我們中的大部分人都會選擇那個複雜的方法。如果沒有什麼複雜的方法可以利用的話，那麼有些人甚至會花時間去發明出來。

其實，我們沒有必要把自己的生活變得更複雜。愛因斯坦說：「每件事情都應該盡可能簡單，如果不能更簡單的話。」儘管如此，生活中仍有很多人在追求那些不給他們帶來任何回報的事情上浪費了大量

要當獅子就別與老鼠爭鋒
成功者只做最重要的事

的金錢、時間和精力，他們和那些對自己毫無益處的人待在一起。這些人無法實現他們所希望的那種成功，原因是他們給自己製造了太多的干擾。

為此，美中貿易全國委員會主席唐納德·C·伯納姆在《提高生產率》一書中講到提高效率的「三原則」，即為了提高效率，每做一件事情時，應該先問三個「能不能」，即：

①能不能取消它？

②能不能把它與別的事情合併起來做？

③能不能用更簡便的方法來取代它？

根據這三個原則，我們就可以對每件事情作以分析，並努力需求簡化。

另外，把事情化繁為簡的一個關鍵是抓住事物的主要矛盾。我們必須善於在紛紜複雜的事物中，抓住主要環節不放，「快刀斬亂麻」，使複雜的問題易於解決。

永遠要記住，雜亂無章是一種必須祛除的工作惡習。在多數情況下，雜亂無章只會為工作帶來混亂，它會阻礙你把精神集中在某一單項工作上。因為當你正在做某項工作的時候，你的視線會不由自主被其他雜亂的事物吸引過去。它還會在你的潛意識裡製造出一種緊張和挫折感，使你覺得一切都缺乏組織，最後會使你感到被壓得透不過氣來。

如果你發覺自己的辦公桌上經常一片雜亂，你就要花時間整理一

下了。

首先，找出最優先的事。把最優先處理的檔從原來的亂堆裡找出來，放在辦公桌的中央，然後把其他檔放到你視線以外的地方——旁邊的桌子上或抽屜裡。把最優先的待辦檔留在桌子上的目的是提醒你不要忽視它們。但是你要記住，你一次只能想一件事情，做一件工作。

其次，整理好你的辦公桌。每天下班離開辦公室之前，把辦公桌完全清理好，或至少整理一下，而且每天按一定的標準進行整理，這樣會使第二天有一個好的開始。

再次，給你的辦公桌留出空間。不要把一些小東西——全家福照片、紀念品、鐘錶，以及其他東西過多的放在辦公桌上。它們既占據你的空間也分散你的注意力。

最後，對時間進行統籌。比如到辦公室後，有一系列事務和工作需要做，可以給這些事務和工作安排好時間：收拾整理辦公桌三分鐘；聽取祕書對一天工作的安排五分鐘；對祕書指示關於某一報告的起草二十分鐘，等等。

總之，無論在工作中，還是在生活裡，為了提高辦事效率，就必須下決心放棄不必要的或者不太重要的部分，用簡便的活動代替那些費時費力的活動。

在這裡，請虛心接受「獅子」給你的一點建議：明確你的捕獵行

要當獅子就別與老鼠爭鋒
成功者只做最重要的事

動是什麼,並使該行動組織化、條理化、簡單化,這樣才能更有效地提高你的成功機率。

24
在工作中「偷懶」，是懶人的本性使然

懶人最懂得休息，最知道休息的珍貴性。只有善於休息的懶人，才會有更多的時間去思考如何獲得成功，可以這樣認為——越「懶」越成功。

誠然，隨著人們的生活節奏普遍加快，工作已經是非常重要的事情，它能提供多數成人主要的智力刺激和社會互動。努力工作除了可帶來好的名聲之外，還能夠帶來財富和榮譽。雖然工作的意義重大，但是如果你真的把每一分鐘清醒的時間都用來工作，那就有可能是得不償失了。

你要知道，工作和休息的衝突，往往是降低工作效率的主要原因，因為現有的工作程式或形式，阻礙了私人休息的時間，使個人在工作時集中精力的程度不夠，而不能達到預期的工作效果。這就需要我們對這兩者的組織形式要有一個新的安排。

比如：工作累了，利用休息的時間放鬆一下疲憊的身心，你是不是覺得很愜意；然後重新懷著一顆輕鬆的心情投入工作，你是不是覺得更加信心百倍。

長久以來，休閒一直被人當成工作的「負面」，而不是「另一面」，許多人相信唯有終日工作才能讓自己有更好的成就。然而，如果生活

要當獅子就別與老鼠爭鋒
成功者只做最重要的事

中只有工作，生活將會變得極其單調。如果長期壓縮在工作的牢籠中，不僅會讓你的細胞加速老化，影響學習與記憶，還會讓你感覺身心疲憊，缺乏創意。

要想突破現況，能有更傑出的表現，就不應該把生活都局限在工作中。因為只有勞逸結合，才能讓心靈得以解放，而且還能保持思維常新、更富創造力。

現在一般公司的工作時間，通常是「早九晚五」的工作制。不過有的做老闆的，為了讓其利潤與自己的工作表現成正比，就會超出這一範圍，拚命工作，拚命賺錢，使自己像一個不停旋轉的陀螺。

一般拚命工作的人都會有這樣的體驗：當早上已經連續拚博了幾個小時，身體已很疲憊，到了中午時分，飢腸轆轆之時，便會覺得渾身疲憊到了極點。如果覺得疲倦了仍不停手硬撐著做下去，即使明知此時工作效率肯定會大打折扣，仍然認為休息是在浪費時間，還是死命硬撐著，實在是非常愚蠢。而這樣的人在辦公室裡其實不在少數。

其實這樣說穿了，難道不是自己欺騙自己嗎？因為你工作的效果已經非常有限，再工作下去也不會有多大的成效。這時，休息便成為最美好的休閒享受，同時這也是為你下一步工作養足精神，只有這樣，你在工作中才會始終保持高度的熱情。

一頭獅子，如果永遠疲於奔命追捕獵物，當牠有了新的勁敵或更大的獵物出現的時候，牠就不會再有更高的戰鬥激情和力量了。只有在休息好的情況下，牠才會有更多的精力去捕捉更大的獵物。

一個會工作的人，也應該會休息。工作與休息是不可分割的，若處理不好，真不知對健康有多大的影響，給人以多大的壓力。等身體出毛病了，才真正認識到「欲速則不達」的道理。而且我們會發現生命中最寶貴的其實是健康，為了多掙一些錢，就損害健康太不值了。

另外，一個不會休息的人還會影響到公司的工作績效。到頭來工作沒做好，休息時間也沒有，簡直就是「受累不討好」。

一般說來，長期工作的人之所以會感到疲勞，主要是因為在工作中長時間維持同一個姿勢，使血液流通不暢和肌肉疲勞。此時的疲憊其實是身體的生理反應，告訴你身體的某一部位負荷超重，需要休息。如果對此種反應麻木不仁，便可能生病。其實很多病毒在侵襲你的身體之前，你的身體都給你警告了，只是你沒有注意罷了。

所以，當身體出現疲倦的警告時，稍事休息才是最佳的選擇。

正如愛德華‧L‧柏納斯提醒人們說：「千萬不要讓二分法支配你的生活，把你討厭做的事情和休閒時間所做的事情分得一清二楚。應該盡量的自我調整，從工作中也能夠獲得和休閒時同樣的樂趣。」

瞧瞧，多麼中肯的建議啊！

事實上，當你試著把自己放輕鬆些，在工作當中學會勞逸結合，你會發現自己對工作有了全新的滿足感。我們許多人都是在高壓的環境下工作，但是如果我們剔除自己對工作負面的態度以及感受，並且透過協助他人，我們會發現原來的壓力將不翼而飛。

一個人成功的相關因素很多，光是把事情做好是絕對不夠的。不

要當獅子就別與老鼠爭鋒
成功者只做最重要的事

會休息的人，也必然不會工作；會工作，就一定要會休息。

在工作中學會適時「偷懶」，絕不會讓你因此而少賺一些錢，相反，它會使你的生活充滿更多的快樂。

25
諸多的大創意源自懶人的小聰明

懶人在處理事情的過程中，往往會憑藉一些小聰明去做事，如果把這種聰明推而廣之，往往蘊涵著一種大創意，關鍵在於你是否有把小聰明變成大創意的想像力。掌握了這一點，你就能給自己找到一個全新的工作角度。

通常，小聰明會啟發人們創造新意念、新發明。

兩百多年前，法國醫生拉哀奈克一直希望製造一種器具，用來檢查病人的胸腔是否健康。有一天，他陪女兒到公園玩翹翹板，偶然發現，用手在翹翹板的一端輕敲，在另一端貼耳傾聽，竟然能清楚聽見敲擊聲。這位醫生得到啟發，回家用木料做成一個狀似喇叭的聽筒，把大的一頭貼在病人的胸部，小的一頭塞在自己耳朵裡，居然能清晰地聽見病人的胸腔發出的聲音。這項發明便是世上第一部聽診器。

拉哀奈克無疑是聰明的，但並非天才。他所面對的啟示別人也能遇到，只不過他憑藉自己的小聰明意識到了這一點，而別人依舊茫然。這主要是因為他很敏感，聯想豐富，很留心身邊的一切事情，是個生活的有心人。

我們知道，第六感官的真實性已得到公認，這種第六感官就是創造性的想像力。

要當獅子就別與老鼠爭鋒
成功者只做最重要的事

創造性的想像力——這種能力是大多數人都有過的，但卻很少用到，就算用到了，也只是巧合。相形之下，處心積慮、胸有成竹來運用第六感官的人是少數；而自動自發運用這種能力，並且對第六感官的用途瞭若指掌的人，就會對成功的可能性預算得更準確。

在人類無限的心智和宇宙的無窮大智之間，創造性的想像力是直接的橋梁。所有宗教上所謂的啟示，和所有發明領域中的基本定律、新原理、新法則，都是藉著創造性想像力才發現的。

諾貝爾獎得主萊納斯 · 鮑林曾這樣說：「一個好的研究者知道應該發揮哪些構想，而哪些構想應該丟棄，否則，會浪費很多時間在無謂的構想上。」

懶人正是憑藉這一點來正確發揮自己的構想，他們透過小聰明來刺激腦部的活動，使個人思考水準提升至極高的程度，創造出卓越的工作業績。

當人受到任何一種形式的腦力刺激時，狀態有如登上飛機，可以看見平時受限於視野的地平線所看不見的東西。身處這種高度的思想水準時，心智的創造力被賦予行動自由。第六感官發揮功能的路障已清除。在其他任何情況下原本無法觸及的觀念，都變成容易感應和接收得到。「第六感官「正是標識天才和庸才之間分野的能力。

愈常運用創造力，創造力愈是對潛意識以外的原創因素有更敏銳的感受力和接受性；而且，愈常運用創造力的人，會愈仰賴創造力，也會要求創造力來發起思考的動力。只有靠使用創造力，才能培養和

開發創造力。

　　那麼，你是如何看待日復一日的問題呢？是不是總認為這些問題非常討厭。最重要的是：問題越大，挑戰也越大，解決問題時所能得到的滿足就越大。有創造力的人接受問題，就像歡迎一個帶來更大滿足感的良機。

　　下次你碰到一個大問題的時候，注意自己的反應。如果有自信，就會感覺很好，因為你又有一個機會來測驗自己的創造力。如果覺得不安，切記，你和其他人一樣，都能發揮創造力，解決問題，遭遇任何問題，都是激發大創意的好機會。

　　你也許夢想著一種沒有問題的生活，然而，那種生活卻不值得活下去。如果有一台萬能的機器為你處理一切，你所有的問題就都沒有了，但是這個替代方案不會吸引你去放棄本來就有些問題的人生。

　　從根本上講，成功是「想」出來的。只有敢「想」，敢創造，才有可能成為成功者的候選人。青年人應該善於把小聰明變成大創意，不僅要把別人難以辦成的事辦成，還要把自己本來辦不成的事辦成。

　　當別人失敗時，你如果可以從他人的失敗中吸取教訓，你就為自己增添了實現成功的可能的因素。當你自己失敗了，你能夠及時以嶄新的思路去思考，再付諸行動，你同樣也會有長足的進展。

　　森林裡，一場激烈的角逐剛剛結束，獅子在附近捕獲到了一頭小野豬。這時牠在想，這個場所周圍可能還會有大野豬出現的可能。

26

懶人箴言：勤奮的人未必成功

許多事實證明，辛苦地工作並不能如預期的那樣給自己帶來快樂，勤勞並不能為自己帶來想像中的生活，正如《懶人致富之路》的作者喬．卡伯所說：「大部分人過於為生計奔忙，以致什麼錢也賺不到。」

在我們周圍，「老鼠」總是專注於他們的欲望、無所作為的工作、還有那些下班後的浮華活動，以至於無法進行任何有創意性的活動。

威廉．福克納曾經哀怨說：「人生最悲哀的事情莫過於每天都必須要撥出八個小時工作，周而復始重複這樣的過程。我們不能夠一天花八個小時吃飯，或是花八個小時來品酒，或是一天做八個小時愛。這麼長的時間只能夠做一件事情，那就是工作；這就是為什麼人們會把自己搞得如此烏煙瘴氣的原因。」

也許我們現在還不能達到像威廉．福克納所說的那樣，但有一點我們要明白，辛苦的工作並不一定會給我們帶來成功。和那些鼓吹辛苦工作的人不同，懶惰的成功者知道與長時間的辛苦工作相比，重要的專案能產生令人印象非常深刻的個人滿足感。因此，選擇成為一個懶惰的成功者，你就能成為一個頂尖人物。你不必為了賺到豐厚的收入而工作，但你要學會聰明的工作。

法則三「懶人推動了歷史」
26 懶人箴言：勤奮的人未必成功

隨著社會的進步，憑藉我們可以隨意支配的各種現代化技術，我們所有人都沒必要像過去的人們那樣辛苦勞作了。現在要找到一個平衡的、有益身心健康的生活方式的機會，要遠遠大於人類歷史上其他的任何一個時期；然而，大多數人都因缺乏創造力或害怕自由而無法從中獲益。但是請你記住一點：今天，不是每個人只要辛苦工作就能過上舒適生活的。從百分比看，不辛苦工作的人數相對較少；從實際數字看，數量卻很大。

儘管在所有的職業領域中大部分人都長期超時辛苦工作，但也有一小部分人每個星期只工作三十到三十五個小時，而且也有著相當體面的收入。他們不是靠辛苦工作，而是靠聰明工作來實現這一點的。

此外，由於這些輕鬆的專業人士能正確看待金錢和財產，所以與那些辛苦勞作的其他同行相比，他們能更好控制自己的個人消費習慣。所以即使他們的收入稍微少一些，但實際上他們得到的「財富」卻更多，而且他們的生活也非常幸福。

在生活中，你也許認識某個才華或學歷都比你低的人，但他看起來好像並不用辛苦工作就能賺到不錯的收入，這件事情的本身就應該足以說服你，你也有能力做到同樣的事情。

這時，你也許會問：「如果每個人每天都只工作四五個小時，那麼世界將會變成什麼樣子？」答案是：「這個世界肯定會變成一個更適合人類居住的好地方——壓力小一些、挫折少一些、人們會變得更健康和快樂、環境也會變得更好。」

要當獅子就別與老鼠爭鋒
成功者只做最重要的事

你不必擔心其他每個人都能否這樣做。你要知道，大部分人都沒有準備好要為弄清楚如何做到這一點而付出代價。

事實證明，百分之九十五的人由於沒有工作興趣或動力而無法達到聰明地工作的境界，這個事實對你很有利。這可以讓你更容易成為那個百分之五中的一員，這些工作者過著一種輕鬆和平衡的生活，而且他們最終也一定會覺得自己是成功的。要做到這一點，你就一定要消除強加在自己身上的所有局限性，只有那時你才能發現那些屬於自己的機會。

你要知道，勤奮的人未必會成功，而一個能夠聰明地工作的懶人是不會放棄任何一個可以成功的機會。

你在做一件工作前，應當考慮如何用最簡便的方法去獲得最佳的成效，擬訂一個周密的計畫，再著手去做。若只是因一時的興起而從事工作，不但事倍功半，而且也不易成功。

最後，提醒大家注意的是：

聰明而非辛苦地工作是有一些職業危險的。其中包括要處理生活中的自由、責任和快樂。你一定還要處理來自抱怨者的嫉妒。當你實現每天只工作四五個小時的時候，你將會被看成是對現代社會穩定性的一種威脅。

如果你能處理好這些職業危險，那麼就找一個休閒的地方去享受自由、快樂和滿足吧！

法則四 注意力是一種寶貴資源

　　在一定時期內，一個人的資源和能量是有限的，你無法同時做好數件同等重要、難度都很大的事情。因此更不要讓瑣事占據你的空間，以防它消磨你的意志。

27
有價值的不是資訊，而是你的注意力

諾貝爾經濟學獎獲得者赫伯特・西蒙說：「隨著資訊時代的到來，有價值的不是資訊，而是你的注意力。你要想獲取成功，重要的是你能夠注意什麼，什麼是你該注意的。」

注意力本身就是財富。英特爾前總裁葛魯夫說：「獲得注意力就是獲得一種持久的財富。在新經濟下，這種形式的財富使你在獲取任何東西時都能處於優先的位置。財富能夠延續，有時還能累加，這就是我們所謂的財產。因此，在新經濟下，注意力本身就是財富。」

注意力作為一種資源，有它自己的獨特之處。與資訊相比較，資訊是可以準確計量的，而注意力的計算是模糊的；資訊是由資訊的產生者不斷創造的，而注意力對於資訊的流覽者卻是有限的。簡言之，資訊產生後能創造多少價值是不確定的，相反注意力卻能直接產生價值。

當然，每個人的注意力都是有限的，一個人做了不值得做的事，會很容易分散自己的注意力。只有真正使用好你的注意力，充分提高關注水準，才能抓住那些稍縱即逝的機遇。

切記：「不要和老鼠比賽」，否則你將無法集中精力做好更重要的事！

法則四 注意力是一種寶貴資源
28 精力集中是「雄獅」的明智之舉

28
精力集中是「雄獅」的明智之舉

一頭雄獅對於自己的獵物是不會輕易放過的，牠把獵物當作一個目標，並集中全部精力去追逐，一擊必殺。正如著名武俠小說家溫瑞安說：「真正的高手會把精、氣、神集中於一擊。」

有人曾問拿破崙打勝仗的祕訣是什麼。他說：「就是在某點上集中最大優勢兵力，也可以說是集中兵力，各個擊破。」這句精闢的話道出了集中精力對於成功的重要性。

世界上最弱小的生物，如果能將自己所有的力量都集中於一個地方，它也能有所作為；然而最強大的生物，若將自己的力量分散在許多地方，也許最終它會一無所獲。一個只有單項技能的人，如果能專心於一個明確的目標，他就能比那些有多項技能然而卻將自己的精力分散，不明白自己到底在做什麼的人獲得更大的成就。

現實生活中，那些學院裡最差勁的學者，在某些情況下經常比一些大學者們做出更大的成就，僅僅是因為他們把自己有限的才能放在了一個明確的目標上面；而那些大學者們仰仗著自己出色的綜合能力和宏偉的目標，從來不知道該怎樣集中自己的精力。

在如今這個依靠專業技能求生的時代，如果一個人不能保持一貫的敬業態度，保持一貫的工作熱情，那麼他是無論如何也難以立足

要當獅子就別與老鼠爭鋒
成功者只做最重要的事

的。

因此，要想真正成功，你就必須努力減少干擾。如果你在一個小時內集中精力去辦事，這比花兩個小時而被打斷十分鐘或十五分鐘的效率還要高。

當然，對很多人來說，集中精力做事並不是一件容易的事，因為他們感覺自己好像隨時都會受到某種人或事的干擾。比如一項體育活動、一個熱點問題、某些生活情形、與同伴的爭執甚至天氣等等，一切都可能成為干擾。如果你和他們一樣，也將自己的時間主要花在應付干擾和瑣碎的事務上，那你永遠無法真正駕馭自己的生活。

只有做事善於集中精力的人才能勝利。有著眾多野心的人很少在歷史上留名，因為他們沒有足夠持久地集中自己的力量，因此也就沒有可能在名人錄裡面刻下自己的名字。

伏爾泰把法國人拉哈普稱為「一個永遠都在燃燒的爐子」，但是這個「爐子」從來沒有煮過任何東西。哈特利‧科爾里奇天生有著過人的天賦，但是在他的性格之中有一個致命的缺陷──缺乏專注精神，因此失敗伴隨著他的一生。科爾里奇的叔叔索西評論他說：「科爾里奇有兩隻左手。」他一直獨自生活在自己的夢境當中，因此他對外界有一種病態的畏縮。甚至是在打開一封別人寫給他的信的時候，他都沒法控制自己的雙手不顫抖。

一個想做大事的人都有自己的計畫，他能找到自己的目標並集中精力堅持到底。他科學、謹慎做出計畫，並且快速實行計畫。他熱情

專注奔向自己的目標。每當他前進的道路上出現了困難的時候，他不會被強迫著選擇這條路；如果他不克服這個困難的話，他就會停下來好好查看一下這個困難。因為他知道，持續把自己的才能集中於一個地方，會給自己帶來巨大的能量。

反之，如果沒有目標濫用自己的才能，這樣只會削弱自己的力量。一個人的思想如果不能專注於一件事情上，那就會像一部機器沒有平衡輪那樣，最後只會自行散架。

有很多人缺乏效率，恰恰是因為他們想有更高的效率，也就是他們想同時做太多的事情，結果卻欲速則不達。如果有人堅持要他們一次只做一件事情，他們會說：「但是這些事情都很重要。」有的時候許多事情確實都很重要，不過你還是不能一次同時解決，除非你授權給別人去做。這是很值得我們反思的問題。

想做大事的人應該懂得在日程表中安排一段專門處理干擾的時間。為此每天應至少安排兩個小時。如果不出現問題，你就贏得了額外的時間。無論如何，你不要讓干擾耽誤了你計畫中正在進行的事情。

你也可以每十四天安排一天專門處理干擾，或是每六個月安排三到五天。如果可能，你可以聘請某人，替你處理那些可由他人代你應付的干擾。這些都是很有效的方法。

總之，我們應時刻像一頭雄獅那樣，把更多的時間放在做事的品質上，而不是無謂的浪費太多的時間與精力於瑣事上面。唯有如此，

要當獅子就別與老鼠爭鋒
成功者只做最重要的事

才能達到事半功倍的效果，我們所為之奮鬥的事業才能得到長遠的發展。

法則四 注意力是一種寶貴資源
29 全力聚焦於自己的目標

29
全力聚焦於自己的目標

　　不管你具有多高的才華，如果你無法發揮它，將它聚焦在特定的目標上，並且一直保持在那裡，你將無法取得成功。

　　一個目標應當作為一種指南，引導你決定是否要繼續當前的工作，啟發你應當把精力用在何處，以及其他枝節問題發生時如何應付。如果你拚命在錯誤的事情上浪費精力，即使是把所謂的工作做得十全十美，那也只能是南轅北轍，不會給生活帶來任何有意義的東西。

　　很多人在工作中，大都以賺錢或是獲得名譽為唯一的目標，並且把這一目標無限擴大，使自己總是處於緊張、繁忙和無序的狀態下，很少考慮他們的職業技能、生意天賦、興趣愛好等其他方面的問題。在行動的方向上，總是處於盲目的狀態，而不是根據自己的實際狀況來考慮問題，這樣的結果，會使自己的生活失去方向性，最終也擺脫不掉失敗的惡果。

　　漫漫人生之路，我們就好像是在做一次長久的旅行，儘管可以有不同的速度，但首先要明確方向。你的目標就是你要前進的方向。沒有了方向，生活就失去了意義，要記住，方向永遠是很重要的。

　　對於工作或學習，我們應根據自己的才能特點，發揮自己的性格

要當獅子就別與老鼠爭鋒
成功者只做最重要的事

優勢，選擇適當的學習目標，這樣才能少走彎路，快出成果，早日走
上成功之路。

聰明的人，行動之前會劃出路線來，照著路線從他現在的位置達
到他渴望的那個位置。為此，他在中途豎立許多小的目標，對於最近
的目標積極努力進行，因為這可以在比較短的時間內實現。他達到這
個小目標的時候，覺得有了進步，便感到很高興，然後休息一會兒，
又鼓起勁來，奔向第二個目標，進而向著最終的大目標前進。

一個美國人能用很多種方法將兩條繩子結在一起；而一個英國的
水手卻只知道一種方法，但這種方法往往就是最好的方法。只有那些
專一的人，那些觀察力敏銳的人，才能突破道路上的重重障礙，最終
走到隊伍的最前面。

科學家們推算，只要把五十英畝的土地上的陽光集中起來，就能
產生巨大的能量，大到足夠為世界上所有的機器供給能源。也許照在
地面上的太陽光不會點燃地面上的任何一樣東西，但是用放大鏡來集
中這些陽光射線，就連堅固的花崗石也會熔化，甚至讓鑽石變成氣
體。

在我們的周圍有很多這樣的人：他們擁有一定的能力，他們自己
能力的「射線」要是分別看來還是不錯的，但是他們無力把這些「射
線」集中在一起，無法讓所有的力量聚集到一個地方。因此，從某種
程度上講，多面手，萬事通，通常都是很弱小的個體，因為他們沒有
辦法讓自己的才能聚集到一個點上，而這正是決定他們成功和失敗的

主要原因之一。

如果你希望將來成長為一頭威武的雄獅,那先看看你現在是不是在犯老鼠的一些錯誤,是否也和大多數人一樣,在做那些南轅北轍,事倍功半的事情。

30
在變化的河流中找準應變方向

在事物發展的進程中，總會意外不斷，變化層出，而在不斷變化的事物面前，只有真正做到從容鎮靜、巧妙處理事情的人，才能解決矛盾衝突並贏得主動。也就是說，混亂中的應變處理能力對於一個人的事業成敗起著關鍵性的作用。

一個在岸邊散步的人不小心掉入了水中，游泳技術不佳的他驚慌失措，一邊掙扎一邊大喊救命。本來他離岸邊只有幾公尺遠，但當救援人員把他從水中救起時，他已經遠離岸邊數十公尺遠。後來他解釋道：「因為我當時太驚慌，只顧著要掙扎在水面上，完全顧不上辨別方向。」

由此可見，任何時候，做任何事情，你都要首先檢查你的方向是否正確無誤，千萬不可因一時的混亂而分散了自己的注意力，那對你來說是十分危險的。

日本人豐臣秀吉當政時期，有一次，由於一場暴雨，使得河壩潰決。當時情況非常危險，豐臣秀吉立刻趕到現場指揮，鼓舞部下的士氣。然而潰決河堤必須用土包才能堵塞得住，而這種土包的製作需要很長時間，雨勢卻愈來愈兇猛，水位也跟著逐漸上漲。

就在大家議論紛紛、束手無策的時候，石田三成跑過來，他打開

米倉，命令將士們將一袋袋的米搬出來，去堵堤防的缺口。由於這項隨機應變的措施，避免了一場大災難的發生。不久，雨勢漸緩，水位也下降了。

這時，石田三成發布聲明，如果附近的居民能夠製造出可以堵住河堤缺口的土包，就用米做獎賞。周圍的人紛紛回應，製造了許多堅牢的土包。因此在很短的時間內，堤防就修好了，而且比以前更加牢固。看到這種情形，豐臣秀吉佩服不已。

儘管用米袋堵塞決堤是奢侈的行為，因為米是貴重的必需品。可是，石田三成卻能隨著形式發展的必需，運用它來修築堤防。同時，因為堤防遲早都要整修，因此不妨提倡更多的人參與到整修堤防事宜上來，這樣既能使人們樂意工作，又能將堤防修築完好，從而起到了兩全其美的效果。

可見，面對事物的發展變化，一個人必須要具有超人的才華及臨機應變的能力不可。

許多時候往往是這樣的：我們前進的方向決定了我們是否能如願以償達到目的，如果盲目行動，只會使混亂變得更加沒有頭緒；只有在混亂中具備隨機應變能力，才會使我們從困境中突出重圍。

歌德曾經說：「遲疑不決的人，永遠找不到最好的答案，因為機遇會在你猶豫的片刻失掉。」當我們面對一些難以取捨的問題時，慎重考慮當然是必要的，但是不能猶豫不決。因為一個人的精力和才智是有限的。猶豫徘徊，患得患失，不能在混亂中把握先機，其結果只會

要當獅子就別與老鼠爭鋒
成功者只做最重要的事

貽誤補救或發展時機。

危機突然來了，意外突然發生了，如不想束手待斃，就必須立即改變行動方向，及時調整方案。在這種時候，如能冷靜處置，順勢就勢，就可以化險為夷，否則，就會茫然不知所措。俗話說：「兵貴神速」，只有在瞬間做出果斷的決策，才能牢牢把握住局勢發展的態勢。

雄獅總會在危機時刻果斷找出行動的方向，這是它得以生存的保障。而現實生活中，不乏足智多謀者，但有膽有識、勇敢果斷者就沒那麼多了。

在紛繁複雜的事務面前，能否依靠你自己的膽識和勇氣，充分發揮你的主觀能動性，及時改變錯誤或惡性事件的發展方向，這將關係到你的個人事業發展的快慢與輸贏。

因此，如何迅速培養和提高自身的應變力，在前進中找準方向，已成為你必須要面對的現實問題。

31
專注於你最感興趣的事

許多成功者的經驗告訴我們：明智的人最懂得把全部的精力集中在自己最感興趣的事情上，唯有如此「方能在一處挖出井水來」。

一位著名作家曾這樣說：「成功的奧祕沒有別的，不過是從事自己所愛的工作罷了；不論是做什麼，都要做得出類拔萃，別讓名利蒙蔽了你對理想的追尋。」一個人如果能根據自己的興趣愛好去選擇事業的目標，他的主動性就會得到充分的發揮。擇業成功的起點就在於，善於根據興趣確定自己的職業，並以此推銷自己的優勢。

事實上，成功的人士都有一個基本的特質，那就是他們能夠找出自己的長處，而且不管別人以怎樣異樣的目光注視自己，他們都會全力以赴，不達目的絕不甘休。

對此，柯帝士‧卡森曾經建議說：「你必須傾聽自己的心聲，如果你對自己所從事的工作感到不滿意的話，那麼自然也不會成功。」這裡的重點在於從事能夠將自己的長處得到發揮的工作。

在這個世界上，很多人每天都在幹著與他們興趣截然不同的工作，他們往往自嘆命運不濟，一心期盼機會來了再去做稱心如意的工作。可實際上光陰似箭，時間過去就不再重來，如果不珍惜現在，當所有最寶貴的青春歲月都稀里糊塗浪費掉後，再想重新學習一些新的

要當獅子就別與老鼠爭鋒
成功者只做最重要的事

技能時，往往為時已晚。這種一再拖延、得過且過的惰性，真的是與慢性自殺無異。

這些人一般不去思考促成事業成功的必備要素，甚至把幹事業看得過分簡單，因此也就不能集中自己全部心思去工作。他們不知道，在一項事業上的經驗好比是一個雪球，隨著人生軌跡的推移，這個雪球永遠是越滾越大的。

所以，任何人都應該把全部精力集中在自己感興趣的事業上，在這一方面隨時隨地做努力。這樣，你在上面所花費的功夫越大，獲得經驗也越多，做起事來也就越容易成功。

也許你現在並不是這樣的。你本來是一頭威風八面的獅子，只是因為你長期困頓於那些無聊的瑣事之中，到最後可能你連自身真實的角色都失去了。

懷特‧霍布斯曾經這麼說過：「不論你是誰、身在何處、老邁還是年輕，每天早上起床的時候，都有嶄新的成功機會在等著你；你之所以會一躍而起，是因為你熱愛你的工作，深信其中所蘊含的理念，而且這份工作能夠讓你的才能得到發揮——這種種吸引力讓你每天都迫不及待地要投身於工作之中。」

無論是誰，如果不趁年富力強的黃金時代去培養自己的專注精神，那麼他以後一定不會有什麼大成就。世界上最大的浪費，就是一個人把寶貴的精力無謂地分散到自己不感興趣的事情上。一個人的時間有限、能力有限、資源有限，如果你把這些寶貴的資源都浪費在

「和老鼠比賽上」，那就永遠做不了大事。

只有做自己最感興趣的工作，才能充分激發自身內在潛力，你的前途也必然是一片亮麗。唯有在這樣的天賦受到重視、能力得到發揮，以及意志得到不斷磨練的情況下，你才可能達到卓越的境界。

誠然，世界上每個人的出身環境都不盡相同，但是每個人都有發揮自己專長的權利以及脫穎而出的機會。成功的基礎要素之一正是精於自己所感興趣的工作。你必須不斷練習以讓自己的技能趨於完美，才能夠精於自己所從事的領域。每個人都有自己的興趣和愛好，好好發揮這份才能，讓自己的未來充滿希望，而不是活在過去的光環裡。

如果你想要在事業生涯中不斷體驗到這樣的快樂以及成功，那就要找出這樣的才能，並且從中品嘗喜悅和滿足的滋味，將自己所取得的成就提升到一個更高更新的境界。

如果你想成為一個令人嘆服的領袖，成為一個才識過人、無人可及的人物，就一定要排除大腦中許多雜亂無序的念頭。如果你想在某一個重要的方面取得偉大的成就，那麼就要大膽舉起「剪刀」，把所有微不足道的、平凡無奇的、毫無把握的願望完全「剪去」，努力在自己最感興趣的領域裡一展才華。

從現在起，就找一項適合自己興趣的事，集中全部精力去做好它，這樣你的生活就不會再感到乏味，你的身心就不再疲憊不堪。每天早上一睜開眼，你就會感覺又是一次新生，因為你的愛好裡有許許多多的迷戀正等待著你，熱切等待著你幫它們注入更多的愛。

32

做得夠多不等於做得夠好

我們在工作中要明白這樣一個道理，做得夠多不等於做得夠好。這就好比一隻老鼠，在地面對花樣繁多的食物時，總是這裡嗅嗅，那裡嘗嘗，結果從沒有將真正好吃的食物全部放到自己嘴裡。

有些人也會像老鼠那樣，每天都會「嘗嘗」很多工作，卻從沒有把最重要的工作做好。他們把自己當作工作機器，每天都超負荷運轉，誤以為這樣做的結果是付出與回報成正比。其實不然，工作的優劣不在於量的多少，而在於質的有效與否。

IMG 公司有一位精力充沛的女業務代表，負責在高爾夫球及網球場上的新人當中，發掘明日之星。美國西岸有位年輕網球選手，特別受她賞識，她決定延攬對方加盟本公司。

從此，她縱使每天在紐約的辦公室要忙上十二個小時，也依然不忘打電話到加州，關心這個選手受訓的情形。這個選手到歐洲比賽時，她也會趁出差之際，抽空去探望探望，為他打理一切。她整個人完全陷入這種無謂的忙碌中了。

一次，在一個為網球選手、新聞界與特別來賓舉行的晚宴上，她依舊盯著那位美國選手，並且像個稱職的女主人，時時為他引見一些要人。當時是瑞典網球名將伯格獨領風騷的年代，他剛好是他們的客

戶，又是那名年輕選手的偶像，自然就介紹他倆認識。伯格正在房間一角與一些歐洲體育記者閒聊，她與年輕選手迎上前去。對方望向這邊時，她說：「伯格，容我介紹這位……」天哪！她居然忘了自己最得意的這位球員的姓名！

這位女業務代表的工作精神的確令人欽佩，如果運氣好，碰上一個懂事的小夥子，她的失誤也不是什麼大的失誤，因為在那種情況下，只要小夥子自我介紹一下就沒事了。但她這樣不顧一切拚命工作，往往會在關鍵時候突然出錯，才會造成這樣無限尷尬的被動局面。

的確，做得夠多並不等於做得夠好。有很多沒有把工作做好的人會給自己找一個藉口：「我做得已經夠多了。」

假如你也如此，那怎樣幫助自己脫離這種心態呢？可自己詢問諸如下列的問題：

你如何認定自己做得已經夠多了呢？

如果你已經做了你平常該做的事情，但是問題還是無法解決，或者目標還是無法達成，你的下一步是什麼？

你如何決定何時停止一切嘗試解決問題的舉動？

你要如何解釋自己這個決定？

如果你是公司老闆，你會希望員工比你撐得久，做事比你現在努力嗎？

在這裡，我們並不是說，每一個人必須不擇手段達到工作目標，

要當獅子就別與老鼠爭鋒
成功者只做最重要的事

甚至要犧牲自己其他生存的價值，諸如健康、家庭、休閒等等。這樣做的結果只會讓自己對自己更不負責任。我們所提倡的是，在合理的範圍之內，也就是在不會危害到個人生活的範圍內，如果目標尚未達成的話，就必須審慎思量自己所謂「做得夠多了」是什麼意思。

要想在工作中取得成果，就不要盲目做事情，而要做真正值得做的事情。大多數看上去值得做的事情並不值得你付出最大努力，你也根本沒有必要為不值得做的事情而浪費寶貴的時間。事實上，每天大部分人都在忙於做一些沒有太大價值的工作，而這些工作並不能有助於我們過上具有效率、成就感的快樂生活。

很多人錯誤理解了工作本身與工作成果之間的關係，他們以為做大量的工作，尤其是那些艱苦的工作，就一定會帶來成功。而真正的情況是，他們所從事的任何活動本身並不能保證成功，且不一定是有用的。

因此，請你記住克萊門特 • 斯通的話：「在職業生涯中，我讓自己養成了只依據人們的成果來支付他們報酬的習慣。成果比任何華麗辭藻更具有說服力。」

請相信：一頭訓練有素的獅子，總會在眾多的獵物中捕到一個肉味鮮美的獵物！

33
如何依靠放鬆養成專注的習慣

在廣闊的草原上，一頭雄獅靜靜伏在山坡後，幾隻小兔在不遠處吃著青草，而獅子的目光全部集中在前方那隻肥碩的斑馬身上。此時，牠的神情是那樣的專注。周圍有許多小動物，可是牠根本就不理睬，現在牠的心中只有那隻斑馬。

歌德曾這樣說：「一個人不能騎兩匹馬，騎上這匹，就要丟掉那匹，聰明人會把凡是分散精力的要求置之度外，只專心致志去學一門，學一門就要把它學好。」

顯然，我們在工作中也要時刻保持注意力。注意力集中就等於目的明確，它是取得勝利不可缺少的意志要求。保持注意力集中就是說不受其他想法與干擾的影響，也就是沒有恐懼感，甚至是不考慮自己是否真的能夠做好這一切。注意力集中就是「集中全部精力於一點」。在注意力完全集中的那一瞬間，只有取勝、取得成功這個目標才是最重要的。

這就要求我們做到身心都放鬆，不要緊張。拘束不安只會是一種阻力。如果身體和精神都處於緊張狀態，那就會極大地妨礙我們取得成功。那麼，我們如何依靠放鬆養成專注的習慣呢？

要當獅子就別與老鼠爭鋒
成功者只做最重要的事

①增強安靜的心理狀態。

要知道，大部分時間裡，獅子都是在身心放鬆的情況下享受生命中那些美好的時光。

一個人也只有在身心放鬆的時候才會認識到什麼是重要，什麼是毫無意義的。因此，放鬆是做出選擇的第一步，即：我想達到什麼？放鬆是通往專注的中心之路，也就是在一個喧鬧嘈雜、充滿刺激的環境中找到真正自我的內心寧靜。放鬆還意味著自我鬆弛。誰要是不會放鬆自己，就不能擺脫恐懼與顧慮。因此放鬆狀態下所表現出來的人的氣質，就是自由和樂觀。沉著鎮靜的人是一個自由、自信、自主的人。

在普通生活中，我們看不出來一個人保持冷靜的能力如何，只有在危難時刻及特殊的場景下這種能力才真正顯示出來。沉著冷靜的人即使在環境極端惡劣的情形下也能依然神態自若，並且能夠使注意力達到最大程度的集中。

一個精神放鬆的人能夠從容不迫、一步一步接近自己的目標，並且信心十足地認為：我想做什麼，就一定能夠做到。精神放鬆了，注意力才能集中。

②習慣於安靜，使潛意識發揮作用。

即使有一群大象在不遠處散步，獅子也絕不會狼狽落荒而逃。

很多人認為，只有在一個絕對安靜的環境中，才能夠達到完全放鬆的狀態。其實，不管是在進行劇烈的體育運動時，還是在緊張忙碌的工作當中，人們都應習慣於擺脫外界刺激的影響，而從一個緊張的狀態——也稱為「第二狀態」——達到一種放鬆的「第一狀態」。

只有在「第一狀態」下，潛意識才能夠成功、有目的的發揮作用。在完全放鬆的狀態下，潛意識像蠟一樣具有可塑性。每一條發自潛意識的心理暗示都是潛意識大腦所進行的系統的程式編制。

③克服內心顧慮，消除緊張恐懼。

假如一頭獅子懼怕比牠更大的動物，那麼牠永遠都不會有更大的收穫。同樣，假如一位售貨員在推銷時唯恐顧客說「不」，那麼他就不會說動任何人來買他的東西；假如一位經理總是害怕有競爭，那他就不會投資瞄準未來市場的項目。心裡總是感到害怕，就會做錯事；或者即使做對了，也是做得不夠好了。

只有克服內心顧慮，消除緊張恐懼情緒，才能夠調動自己的一切能力和能量資源，處理那些等待處理的繁雜事務。

④鍛煉承受能力，樹立必勝的信念。

一個好的運動員應該具有最大限度的承受能力，只要能夠不受神經緊張的影響，並且能夠適應比賽時的緊張氣氛，就能夠臨場發揮出自己的真實水準。

要當獅子就別與老鼠爭鋒
成功者只做最重要的事

　　那些傑出的運動員以其典範事例向我們說明了這樣一個道理：即使是在極端的條件下，一個人也可以做到注意力高度集中，並且專注於自己所努力追求的目標，甚至從內心和精神上根本就不受外界的干擾。

　　在失敗面前，我們也不能氣餒或退縮，以致半途而廢，而是應該懷著必勝的信念，執著追求，堅忍不拔。

　　積極的緊張狀態是非常有意義的，對於實現目標具有很重要的促進作用。一個有良好承受力的人可以把這種緊張狀態轉化為專注狀態，這樣一來，在潛意識的幫助下，每個人都能夠在自身的工作或學習領域內取得一定成就。

　　只要是從潛意識裡專注於一項工作，那麼潛意識就會成為他最好的合作者。

34
遵循八二法則做事

在日常生活中，那些無知的「老鼠」只是忙於做一些與過上具有效率、成就感的快樂生活毫無關係的工作。他們宣稱自己沒有時間，卻能一天看幾個小時的電視。上班時，他們打四五個私人電話，與同事們閒聊寒暄。然後，在一天快結束的時候，抱怨自己還要加班。

如果你也是這樣話，你可要小心了。因為完成了那些不值得做的事情是不會給你的生活帶來什麼成功的。你只有集中精力去完成那些值得去做的事情，才會為你的生活增添光彩。比方說，如果你業務的關鍵環節是打電話給客戶，那麼你就應該把自己大部分的精力都集中在這件事情上。

花六個小時擦桌子和花五分鐘打電話，要比用一個小時打電話和用五分鐘擦桌子的效率的十分之一還要少。在效率比較低的情況下，你的工作時間是六小時五分鐘，反之在效率高很多的情況下，你的工作時間僅僅是一小時五分鐘。

處理時間問題的好壞程度，將決定你能把自己在工作和個人生活之間的衝突降低到什麼程度。處理好時間問題最重要的一點是，培養能讓你集中精力處理那些真正能為你賺錢的項目和能讓你得到最大滿足的休閒活動的能力。

要當獅子就別與老鼠爭鋒
成功者只做最重要的事

因此,你要在可以利用的時間裡盡最大努力去工作,你要在最重要的事情上竭盡全力,而不要在不重要的事情上浪費任何精力。「學會在幾件真正重要的事情上力爭上游,而不是在每件事情上都爭取有上乘表現的人,可以讓他們的生活發生根本性變化。」

令人驚訝的是,那些「老鼠級」的人物總是把注意力集中在一些根本不會給他們帶來任何成就感和快樂的工作專案及其他活動上。如果你很活躍但卻不知道自己活動的真正目的是什麼,那麼你的活躍就是毫無意義的。無論何時,當你正在為一些錯誤的事情而工作時,無論做了多少工作都是毫無價值的。

如果有某種必須遵循的法則能幫助你把生活調整到一個良好的平衡狀態,那麼它就是一百多年以前由義大利經濟學家帕累托發現的八二法則。

八二法則是指我們效率的百分之八十來源於我們時間和精力的前百分之二十。這讓我們只需從餘下的時間和精力中獲得百分之二十的效率就可以了。

因此,我們運用百分之八十的時間和精力就能產生相當矚目的回報。遵循這個法則能讓你擁有令人難以置信的強大威力。

實際上每個人都至少可以消除一些低成果活動。沒有人用最高的效率做事。從主觀上看,消除低成果的活動是困難的,但如果你下定了決心,它就是有可能的。

要學會辨別什麼東西能讓你得到的收穫遠遠大於投入,也要學會

辨別什麼東西會讓你得到的收穫僅僅是投入的一小部分。我們的目標就是讓有巨大剩餘價值的領域所產生的成果最大化，並摒棄那些會產生巨大赤字的活動。

為了能讓你的生活正常運行並運行得很好，你一定要在生活的各個方面都完全遵循八二法則。你一定要消除那些對你的收入、快樂或滿足感沒有什麼益處的不必要的活動，去努力進行那些可以真正改善你的生活狀態的幾件事情，而且越少越好。

八二法則能讓你做到這一點。

35
「雄獅」的提醒：培養和保持你的注意力

在這裡，一些「雄獅級」的人物給你最大的提醒：要在自己所從事的事業上有所成就，特別是實現自己的遠大目標，就需要最大限度集中腦力，進行有意識的「注意聚焦」，並且學會培養和保持這一注意力。

那麼如何培養和保持良好的注意力？

①明確注意的目的

在某些行為活動中，為了能夠較長時間維持注意，就必須明確某一行為活動的目的，以及為了達到這一目的所安排的每一步驟的具體任務。當對某種行為的目的、任務有清晰了解時，就會提高行動的自覺性，增強責任感，進而最大可能地集中注意力。

②學會用責任心約束注意力

注意是服從一定活動任務的，對活動的意義和結果理解得越深刻，責任心越強，就越能產生注意的決心，也就能長時間保持注意力。心理學家研究表明，當一個人能預見行為結果並深刻理解其意義

時，就能集中全部注意力去從事這項事業。因此要學會用責任心約束你的注意力。

③透過培養興趣來鼓勵自己去注意

興趣是人們活動的一種直接動力，不管是直接興趣還是間接興趣，都是透過個體的需要傾向而產生的。興趣是注意力集中的源泉。興趣廣泛，可以引起更多的無意識注意，使人在輕鬆的條件下接受某些文化理念，學習相關知識。所以，平時我們有意識地培養自己的興趣、特長，並依此培養和保持自己的注意力。

④用遷移的方法來培養注意力

在緊張的工作和生活中，人們的心理往往容易興奮不安，感到難以平靜，無法集中注意力。這時可以透過其他方法、手段來調整自己的注意力，如在工作前回憶一下前一天發生的趣事，以此來控制自己的情緒，進而透過遷移來培養注意力。

⑤用適當的難度維持注意力

工作中適當的難度可以增強自信感、成就感和滿足感。這些心理狀態無疑可以使注意力充分調動起來。為此，你可以根據自己的工作能力，適當向更難一點的工作任務做出挑戰。

⑥穩定情緒，發展注意力

要保持和培養有意識的注意，還要盡量避免環境中能分散注意的干擾刺激，排除個人心中不安的思想情緒做到情緒穩定，心情舒暢，使心中疲勞減少至最小限度，這樣能較好保持注意力。

⑦注意力的轉移要合理

注意力的轉移是根據任務的改變，及時把注意力轉向新的目標。及時轉移注意力，可使人適應情況變化，根據需要把注意集中到新的任務上，這樣才能連續完成一個又一個任務。

⑧關注注意力的分配

注意力的分配是指同時注意幾個目標，合理分配注意。

先讓我們來看看這樣一個故事：

有一位著名的心算專家，心算能力非常高，很少有人能勝過他。一次，一位青年慕名而來，他想戰勝這位心算專家。

這位心算專家不屑的說：「你有什麼題目就說吧？」

那個青年以較快的語調說：「一列火車發車時車上共有七百六十八人，到站後下來四十五位旅客，上去五十六位旅客。過了二十分鐘到了下一站，下來六十四位旅客，上去七十六位旅客。過了三十分鐘又到了一個站，下來⋯⋯」

青年一連串說了許多上下旅客的數字，最後停下來。心算專家胸有成竹，不以為然的說：「你的問題問完了嗎？」

「完了。」

「那你要問什麼？」

「我問，火車一共經過多少個車站？」一聽此話，心算專家就傻眼了。

從剛開始，心算專家就以為，青年要問火車上共有多少旅客，倒沒想火車一共經過多少站，因而青年用一個簡單的問題就戰勝了他。原來，這位青年是個心理學家，他設法分散了心算專家的注意，然後以「注意的分配」輕鬆戰勝了這位心算專家。

從故事中我們可以看到：注意分配是否恰當，對工作效果影響極大。當注意分配不適當時，即使是簡單問題，也可能解絕不了。

要當獅子就別與老鼠爭鋒

成功者只做最重要的事

法則五 真正的策略:知難而退

　　知難而退有時比知難而進更重要,更富有智慧。如果一開始沒有成功,就再試一次,仍不成功就應該放棄;愚蠢的堅持毫無益處。

36

「雄獅」的策略：先予後取，以退為進

獅子是百獸之王，牠的勇猛是出了名的，但是牠也會遇到比自己更強大的動物。這時，牠不會光憑勇猛去對付獵物的，牠會採用迂回進取的策略，令對手防不勝防。

同樣，每個人的人生際遇也是變化多端、難以預測的，一旦碰到較大起伏的時候，就應採用「先予後取，以退為進」的謀略，這種方法不只會為你的人生覓得安頓，也會為你提供尋找更多「獵物」的機會。

生活中，我們要有「先予後取，以退為進」的意識。「先予後取，以退為進」的要領在於不計當前利益，著重長遠利益，吃小虧，占大便宜。所有的退卻都是為將來更大的發展做鋪墊。

有時，一些彎路是必走的，迂回而行要比盲目向前可靠得多。下面的故事會給我們更多的啟示。

日本豐田汽車公司為了確保汽車在日本的銷售市場，深謀遠慮，從解決城市的汽車與道路的矛盾入手，先後成立了「豐田交通環境保護委員會」，在東京車站和品川車站首次修建「人行道天橋」；還投資三億日元在東京設立了一百二十處電子電腦交通訊號系統，使交通擁擠現象得到緩解；另外還投資創立了汽車學校，培養更多人學會開車；

還為兒童修建了汽車遊戲場，從小培養他們學會駕駛本領。豐田的良苦用心最終如願以償，汽車銷量日益增多，公司效益也相當可觀。

豐田的成功正是採取「先予後取，以迂為直」的行銷策略。從表面上看，他們所做的種種工作與汽車銷售本身是風馬牛不相及的，此乃「醉翁之意不在酒」，這是一種迂回戰術。

試想，假如豐田公司一味從正面宣傳自己產品如何好，結果很可能是多花了冤枉錢，銷路也不會順暢。而他們採取「先予」，表面上好像是離開了汽車銷售這一主題，事實上，正切實達到了占領市場而「後取」的目的。

現實生活中也會這樣，有時迂回前進，反而比走直路更易達到目的地。正如面對一座極為陡峭的高山險峰，我們不能冒險直接攀登而上，但我們可以繞著山路環行，最後便可安全到達山頂。捕魚時，我們要把河裡的水一點點淘乾，才能讓魚兒自己暴露出來，這時，我們就可以輕鬆把魚兒抓到了。如果我們真要跳到水中亂抓一通，那樣恐怕一條魚都不會撈到。

為了能更形象說明這一問題，有人曾做過這樣一個實驗，把狗和雞關在兩堵短牆之間，在狗和雞的前面用鐵絲網隔開放了一盆飼料，雞看到飼料後，馬上直衝過去，結果左衝右突就是吃不到食物。狗先是蹲在那兒直盯盯看著食物和鐵絲網，又看看周圍的牆，然後轉身往後跑，繞過短牆，跑到鐵絲網的另一邊，結果吃到了食物。

看來，狗比雞聰明得多，那麼，人呢？人會不會遇到這種情況

要當獅子就別與老鼠爭鋒
成功者只做最重要的事

呢？其實，我們人類在考慮某個問題時也有上述類似的現象。有的人總是死抱正面進攻的方法一味蠻幹，卻絲毫不能解決問題；而有的人則採用迂迴戰術，用意想不到的方法，輕而易舉獲得成功。這是一種側向思維方式。

側向思維的關鍵是，能否擺脫他人常規的思維方式或習慣思維（思維定式）的束縛，換一種新的角度去觀察。

側向思維一般在下述兩種情況下常用：

第一種情況是，實現目標的途徑相當明確，原有各種思維方式、思路、方法均可達到既定目標，但由於人的習慣思維，決定人們總是死抱住一條路不變，在這種情況下就需運用側向思維，尋找新途徑。例如，要剪一塊圓紙板，通常先在紙板上畫出一個相應直徑的圓，再用剪刀仔細剪下，這樣花費的時間較長。有人想到用圓規畫圓，把圓規的筆尖改裝成為小刀片，則成為一個很好的「切圓」專用工具，不同方法解決了同一問題，還節省了時間。

第二種情況更為多用，為解決某一問題孜孜以求，朝思暮想，但按常規方法卻難以完美解決，這時不妨換一下思路，從與自己研究無關的領域中尋找解決的方法，或者請「外行」來參謀，出點子，或許很容易就能解決問題。例如，大家比較熟悉的魯班發明鋸、摩斯發明電報就是這種思維的典範。

常言說：「先知迂直之計者勝。」所謂迂直之計，就是要懂得迂與直的側向思維。這個謀略表面上看似迂迴曲折，而實際上卻更有效、

142

更迅速為獲得成功創造條件。

　　通常情況下，人們的常規思維方式是講求「搶人之先」、「先發制人」、「爭上制高點」，謂之搶先一步天地寬。但是，在特定時期，特殊條件下，限於自身的實力，必須採用迂回的側向思維方式，避其鋒芒，克己之短，以期獲得成功亦不失為一條妙招。

37
「雄獅」從不自己傷害自己

　　也許你認為自己是一頭無可匹敵的雄獅，你應該知難而進，而不是知難而退。你認為知難而退是失去自尊的表現。但任何事情都不是絕對的，有時，知難而退是一種智慧的表現，更能說明你擁有著健全的自尊。

　　一個善於知難而退的「雄獅」能夠進退帷幄，把眼光放長遠，不以一時的失敗為恥。而那些固執己見，知難不退的「老鼠」，卻表明他們的自尊心十分脆弱，他們不能容忍別人對自己失敗的指責，他們為維護自己的面子，做什麼事都要死撐下去。哪怕前面有「貓」，他們也要做「一隻勇敢的老鼠」。當然，真正的老鼠可能還沒有幾個不怕貓的，但那些現實中的「老鼠」卻不同。

　　在你準備做一件事的時候，你要清醒地記住：「雄獅」從不自己傷害自己。

　　心理學家調查表明，固執己見的人，也是自尊心最脆弱的人。我們認為能威脅到自我或自尊的那些東西，就是對於幻想式情感的傷害，有健全自尊心的人是不會在意的，但是自尊心薄弱的人卻會受到嚴重的傷害。那些使自尊心脆弱的人受到的嚴重傷害的一些事情，卻無法使自尊心強的人受到任何的創傷。

法則五 真正的策略：知難而退
37「雄獅」從不自己傷害自己

強壯的「雄獅」對於小小的危害毫不在意，弱小的「老鼠」卻相反。因此，你要做「一頭強壯的雄獅」，並擁有健全強壯的自我，再加上足夠的自尊，你就不會受到任何無意的評論或舉動的威脅，也不會因一時的失敗而懊惱，而且還會從失敗中尋覓生機。

一個固執己見的人十分看重自我價值，如果他的自我價值不被立即認可，他的內心就會百般痛苦；當他的自我價值受到蔑視時，他的自我肯定立時變得脆弱，自尊心也不如從前。這種人是典型的「自我主義者」。

孱弱的自我，並不能透過擊碎它、剷除它的方法來消除。自尊對於人生的重要性，就相當於食物對於身體。若想改正這一缺點，可以透過培養自尊的方法來發展出健全強壯的自我。

通常，一個消極依賴的人總把自己交給環境、運氣和別人，似乎別人天生欠他體貼、感激、愛心與幸福。這種人對別人的要求很不合理，而且他的要求沒有得到實現，他就感到別人欺騙了他、辜負了他、傷害了他。事實上，生活原本如此，而且，如果他的依賴物件完全是不現實的，他這樣做等於是自己在傷害自己的感情。

一個人不能自立，在情感上需要依賴別人，這往往使他的情感更容易受到侵害。誰都希望，而且需要得到情與愛。但是真正有創造性的、自立的人，卻覺得有付出愛心的必要，給予與接受對他來說一樣重要。別人將愛心用銀盤遞給他，他不需要，也沒有強烈渴望「每一個人」必須愛他或稱許他，他能承受別人的討厭與反對；他對自己的

要當獅子就別與老鼠爭鋒
成功者只做最重要的事

生活有著強烈的責任感，相信自己是能依自己的希望來採取行動、決定事情、賦予別人，並追求理想的人，而不是一塊終身消極吸收所有美好事物的海綿。

我們應樹立起自立的態度，為自己的生活與情感的需求承擔責任，並試著對別人施以情愛、贊同、接受與了解，這樣你將發現你會得到同樣的回報，你不會因一時的失意而後悔。

有時候，我們為了不順的事情，容易感到情緒不舒服、沮喪，或自信動搖。朋友順道來訪，開了一個玩笑，十之八九我們認為好玩而不放在心上，或是報以一個善意的微笑。但是那一天不行，那一天我們遭受恐懼、憂慮的折磨，對於這個玩笑我們以另外一個角度來「解釋」，所以動氣了、受傷害了，情感的疤痕也就因此滋長起來。

可見，我們的情感受到的損傷，並不是由於他人或他人所說的話，或由於他人所沒說的話，而是源於我們自己的態度與自己的反應。

我們必須受到關注的這個想法，是出自我們對自己的反應，不是別人的反應。我們可以緊張、生氣、焦慮不堪、憤憤不平並且覺得受到傷害；我們也可以不需要反應，輕輕鬆鬆也不覺損傷。

科學的實驗證明：一個人身體的肌肉在完全放鬆之下，根本不可能有恐懼、憤怒、焦慮或任何否定情緒的反應。我們必須先有「情況」，才會覺得恐懼、憤怒與焦慮。

一個自尊心健全的人是能夠把握進退有度的人，他不會因為一時

的放棄而產生詆毀自尊心的傾向。要做「一頭雄獅」，你的自尊心就不應該變得太脆弱，因為「雄獅」從不自己傷害自己。

38

「老鼠」的悲哀：不願接受事實

獅子不和老鼠比賽——這無疑是對老鼠的最大打擊。牠無法忍受獅子的這種態度，牠不願意接受這一事實，它對自己更加失去了自信，結果使自己再也不堪重負。這也是老鼠最大的悲哀。

在我們的人生旅途中，有太多不愉快的經歷，這是我們無法逃避也是無從選擇的。我們不應該像那些「老鼠」一樣，極力排斥一些即成的事實，而應以開放的心胸坦然接受已經存在的事實，然後做出自我調整。一味抗拒不但可能毀了自己的生活，而且會使自己的精神崩潰。

命運中總是充滿了不可捉摸的變數，如果它能給我們帶來了快樂，當然是最好的，我們也很容易接受。但事情卻往往並非如此，有時，它帶給我們的會是可怕的災難，這時如果我們不能學會接受它，讓災難主宰了我們的心靈，生活就會失去意義。

威廉‧詹姆斯曾說：「心甘情願接受吧！接受事實是克服任何不幸的第一步。」只要我們懂得接受生活中那些不可避免的事實，就等於我們已經排除掉了這些事實所帶來的煩惱，我們也不會因為一些痛苦的理由而毀掉了我們的生活。

小時候，漢斯和幾個朋友在密蘇里州的老木屋頂上玩。漢斯爬上

屋頂,然後跳下來,他的左手食指戴著一枚戒指,往下跳時,戒指鉤在釘子上,扯斷了他的手指。漢斯尖聲大叫,非常驚恐,他想他可能會死掉。但等到手指的傷好以後,漢斯再也沒有為它操過心。有什麼用?他已經接受了這一不可改變的事實。

有一次,漢斯在紐約市中心的一座辦公大樓電梯裡,遇到一位男士,漢斯注意到他的左臂沒有了。漢斯問他這是否會令他煩惱,那個男士說:「噢!我已很少想起它了。我還沒有結婚,所以只有在穿針引線時覺得不便。」

可見,我們每個人遲早都要學會這個道理,那就是我們只有接受並配合不可改變的事實。英王喬治五世曾說過這樣一句話:「請教導我不要憑空妄想,或作無謂的怨嘆。」哲學家叔本華曾表達過相同的想法:「逆來順受是人生的必修課。」

顯然,環境不能決定我們是否快樂,我們對事情的反應反而決定了我們的心情。耶穌曾說:「天堂在你心裡,當然地獄也在。」

我們都能度過災難與悲劇,並且戰勝它。也許我們察覺不到,但是我們內心都有更強的力量幫助我們度過。我們都比自己想的更堅強。

成功學大師卡內基曾經這樣說:「有一次我拒不接受我遇到的一種不可改變的情況。我像個笨蛋,不斷做無謂的反抗,結果帶來無眠的夜晚,我把自己整得很慘。終於,經過一年的自我折磨,我不得不接受我無法改變的事實。」

要當獅子就別與老鼠爭鋒
成功者只做最重要的事

　　是的，面對無法改變的現實，我們要學會接受，愚蠢的反抗只是徒增自己的煩惱，這種煩惱會不斷耗費我們的精力，壓抑我們的思想意識，使我們看不到前進的方向，如果我們學會接受這種事實，放棄無謂的堅持，我們的人生會更富有彈性。

　　面對現實，並不等於束手接受所有的不幸；只要有任何可以挽救的機會，我們就應該奮鬥！

　　但是，當我們發現情勢已不能挽回了，我們就最好不要再思前想後、拒絕面對。要接受不可避免的事實，唯有如此，才能在人生的道路上更好把握自己前進的方向。

　　如果你像那些「老鼠」一樣，總是為不可改變的事實而悔恨、為未來的事情而擔憂，那你就會生活在陰影之中。這是人的一生中最有害的情緒，它不會幫你改變過去與未來，卻會使你陷入惰性與悲觀的泥潭，失去現在！

　　我們要學會接受不可避免的現實，學會生活在現在。應該反思這樣一個問題，即我們為什麼要去一遍又一遍地回顧往事、憂慮未來呢？實際上，過去的事情不論多麼值得流連或是多麼需要悔恨，那只是毫無意義的心理反應，「過去」已經過去了，已經不存在了，而未來尚未到來，也是不存在的。

　　人生就像爬山登高，爬在中途的時候，不必往下看，也不要過多往上看。因為你不大可能看到頂峰，不大可能看得很遠、很清楚，何必要為看不清楚的未來而勞神費力、分散注意力呢？

人應該學會接受不可改變的現實而生活在希望中，以此來促使自己從消沉的情緒中解脫出來，這究其實質仍是為了抓住現在的時光去做腳踏實地的努力，而不是迴避現實去空想未來多麼美好。

也許當你想像中的美好的一天真的到來時，卻往往是平淡無奇的，不如想像的那麼美好。激動一時之後，又會面臨新的矛盾和難題。這種把未來理想化的想法是脫離實際的幻想。所以我們應該生活在現實和希望中，而不能生活在對未來的幻想中。

生命只有一次，每個人在世界上逗留的時間是如此短暫，振作起來行動起來吧！坦然接受即成的事實，利用好今天的時光，學會在現在的時光中快樂地生活，該做什麼就做什麼，這樣，你才能把可能被毀棄的一天變成有所收益的一天。

一頭剛剛學會捕獵的獅子，可能會讓到嘴的獵物逃脫，可能在還沒有真正強健的時候，失去了母親，可能……但這些即定的事實是阻擋不了獅子前進的腳步，因為生活還要繼續，只有經歷這些才會成為一頭威猛的雄獅。

39
走出生活的「死胡同」

無論是「雄獅」還是「老鼠」，有時都會走入生活的「死胡同」，但是「雄獅」善於從「死胡同」中很快走出來，而「老鼠」只會在裡面打轉，找不到出口。

當一個人深陷「死胡同」時，他可能不知道自己已經走入其中了，他可能還在標榜自己的頑強和百折不撓，假如在這種情況下，他還覺得快樂的話，似乎這樣的行為無可厚非。但是，深陷生活「死胡同」的人都有這樣一種心理：自暴自棄，不成功便成仁。那麼，你想成為「一頭善於改變的雄獅」，還是做「一隻不願改變的老鼠」，往往就在這一念之間。

從思想上說，改變的人生哲學等同於開放的頭腦。開放的頭腦就是指不以任何觀念為絕對之是，或絕對之非，就是指始終保持對新鮮思想觀念的敏感性。當新的更有說服力的解釋出現的時候，我們就不應該在原有的思維模式中鑽入「死胡同」，而應該保持一種創新的態度。

每個人都有創造性的潛能，只要你善於打破陳舊思想束縛；避免鑽入生活的「死胡同」，你就會脫穎而出的。

美國偉克斯公司當初研製了一種有效治療感冒的藥物——「耐魁

兒」，但是它的缺點（副作用）是容易讓人產生昏昏欲睡之感。

這個缺點讓推銷人員費盡腦筋，這時，有一位推銷員以逆向思考的方式，提出了一個好點子——他將「耐魁兒」昏昏欲睡的缺點當作優點大打廣告。他強調「耐魁兒」是第一種在晚上睡前服用的感冒藥品，它能有效克制因喉嚨的不舒服，而造成病人整夜無法入睡的困擾，讓病人有一個安靜的睡眠。

廣告推出之後，這個產品的名聲大噪，成為該公司最為成功的藥品，在同類藥品的市場上占居領先的地位。

從以上事例中可以看到，偉克斯公司的推銷員打破了傳統的行銷理念，以逆向思考的方式對產品大打廣告，而且獲得了成功。可見，激發人的創造性潛能，走出思維的誤區，對於一個人甚至一個團隊都有極其重要的影響。

誠然，青年人一般都充滿熱情，急於成就一番事業，敢想敢做、「初生牛犢不怕虎」是他們的特點。但是敢想、敢做又不知怎樣做，這很容易使他們鑽入生活的「死胡同」，這幾乎是每個人都會遇到的難題。即使是後來功成名就的人，在起初也並不比其他人高明多少。

因此，為了儘快走出生活的「死胡同」，每個青年人都應該學會汲取新知識，並不斷去開發自己的創造性思維。以下提供幾點建議：

①善於理解。

獅子雖然有著一張巨嘴，但牠不會將叼到嘴裡的獵物整個吞下，

要當獅子就別與老鼠爭鋒
成功者只做最重要的事

牠會走到一處安靜的角落裡細細咀嚼，使之合理消化掉。

對於我們來說，在了解一些事物的時候，不僅要「知其當然」，還要「知其所以然」。阿基米德為什麼能發現皇冠的祕密？曹沖稱象的方法又是根據什麼？都要從理論上把它搞清楚。吸取不是機械吸取，而是要在現實的基礎上吸取，如果囫圇吞棗，就無法將吸取之物予以合理消化。

②重點選擇。

獅子對於自己的優勢是十分了解的，牠會有效利用自身最有利的優勢去捕捉獵物，並以絕對的優勢來壓倒對手。

你是怎麼來做的呢？自己的才能結構如何？優勢是什麼？不足的地方又是什麼？這一切都要做到心中有數。注意力不行的，就要向人家學習如何集中注意力的技巧；自制力不行的，就要向人家學習駕馭情感、控制行為的訣竅；記憶力不行的，就要向人家學習培養記憶力的方法。

③要會運用。

吸取的目的是為了更好創造，因此，吸取之後我們要會運用。

醫學上的叩診，是一百多年前奧地利醫生奧恩布魯格發明的。他父親是個酒商，只需用手一敲酒桶，就能知道桶內有多少酒。由此，奧恩布魯格聯想到人的胸腔和酒桶相同，經過他反覆實驗，叩診的方法

誕生了。這位醫生能夠運用日常生活知識，結合醫學原理，發現了叩診的方法，由此可見一斑了。

如果你發現自己缺乏創造性，就應該檢查是否存在主、客觀的障礙並應設法克服它們。只要你充分發揮自己的能力，認識並克服自己的缺點，你就一定能成為一個具有創造性的人，並且在所進行的創造中獲得無窮的樂趣。

只要避免鑽入生活的「死胡同」，我們就有再創造的機會；即使走入生活的「死胡同」，我們能夠及時走出來，生命也不會因此而浪費。

請你相信：每個正常的人都具有創造性潛質，這種潛質最終會引領人們走進人生勝境。

40
愚蠢的堅持毫無益處

在生活中，有很多這樣的人，他們總想唆使別人接受自己的意見，因為他們總認為自己是對的。這種無意義的固執，使他們沒有改進自己的餘地，也在通往成功的路徑上，給自己設下了重重障礙，最終只會使自己等同於「一隻老鼠」。

那麼，什麼是「無意義的固執」呢？即頑固地堅持已經毫無前景的目標而不思改變。要做「一頭雄獅」，你就應該及早摒棄這種無意義的固執態度。

當你確定了目標以後，下一步便是鑑定自己的目標，或者說鑑定自己所希望達到的領域。如果你決心做一下改變，就必須考慮到改變後是什麼樣子；如果你決定解決某一問題，就必須考慮到解決中可能遇到的困難是什麼。實在不行，一定要果斷地放棄無意義的固執。

當描述了理想的目標以後，你必須研究一下達到該目標所需的時間、財力、人力的花費是多少，你的選擇、途徑和方法只有經過檢驗，方能估量出目標的現實性。你或許會發現自己的目標是可行的，這時，你就要量力而行，修改自己的目標。

固執己見是一種消極的癖性；心胸開闊才是應有的態度。前者會導致失敗與孤立；後者則是獲得成功與友誼的保證。

法則五 真正的策略：知難而退
40 愚蠢的堅持毫無益處

你如何才能避免固執己見？只要你肯聽聽別人的想法，你就可以做到。只要你肯向別人伸出友誼的手，只要你肯學習別人的長處，只要你了解別人和我們一樣有獲得成功的權利，你就不會再堅持己見了。你內心的成功元素會再度展開活動，而內心的失敗元素自然就會偃旗息鼓了。

十九世紀美國詩人羅威爾曾這樣說：「只有蠢人和死人，永不改變他們的意見。」只有那些善於變通的人，才善於堅持自己的目標。他們已經具備了成功的要素。

下面兩個建議一旦和你的毅力相結合，你期望的結果便更易於獲得。

①告訴自己「總會有別的辦法可以辦到」

顯然，動物界裡的競爭是十分殘酷和激烈的，但是獅子總會想到捕捉獵物的好方法，牠們從不認為自己無能為力，對於困難牠們總會想出更好的辦法來解決。

在美國，每年都有幾千家新公司獲准成立，可是五年以後，只有一小部分仍然繼續營運。那些半路退出的人會這麼說：「競爭實在是太激烈了，只好退出為妙。」

問題真是這樣嗎？這也許只是一個美麗的藉口。要知道，真正的問題在於他們遭遇障礙時，只想到失敗，沒有想過用別的方法去獲取成功，因此才會失敗。

要當獅子就別與老鼠爭鋒
成功者只做最重要的事

你如果認為困難無法解決，就會真的找不到出路，因此你一定要摒棄「無能為力」的想法。

②先停下，然後再重新開始。

對於奔跑速度極快的羚羊，獅子要捕捉到它，也許會很費力，但獅子會把目標轉移到其他跑得慢的獵物身上，這樣可以更輕鬆地捕到獵物。當然，這並不是說獅子不夠專注，因為凡事都有一個度，這恰恰說明了獅子的選擇是明智的。

在生活中，有些人卻不會像獅子那樣，他們時常鑽進牛角尖而不知自拔，因而在許多事情上看不到新的解決方法。

成功者的祕訣是隨時審視自己的選擇是否有偏差，並合理調整目標，放棄那些無謂的固執，只有這樣才能輕鬆地走向成功。

一位業務能力極強的推銷員，但很少有人知道他原來是歷史系畢業的，在做推銷員之前還教過書。這位成功的推銷員這樣回憶他前半生的道路：

「事實上，我是個很沒趣的老師。由於我的課很沉悶，學生們個個都坐不住，所以，我講什麼他們都聽不進去。我之所以是沒趣的老師，是因為我已厭煩教書生涯，毫無興趣可言，但這種厭煩感卻在不知不覺中影響到了學生們的情緒。最後，校方不再與我續約了，理由是我與學生無法溝通；其實，我是被校方免職的。當時，我非常氣憤，所以痛下決心，走出校園去闖一番事業。就這樣，我才找到推銷員這

法則五　真正的策略：知難而退
40 愚蠢的堅持毫無益處

份能夠勝任並且愉快的工作。」

　　堅持固然是一種良好的品性，但在有些事上過度的堅持，必然會導致更大的浪費。因此，在做一件事情時，在沒有勝算的把握和科學根據的前提下，應該見好就收，知難而退。

　　有些事情，你雖然用了很大的努力，但你遲早會發現自己處於一個進退兩難的地位，你所走的研究路線也許只是一條死胡同。這時候，最明智的辦法就是抽身退出，去研究別的項目，尋找其他成功的機會。

　　在人生的每一個關鍵時刻，你應該審慎運用智慧，做出最正確的判斷，選擇正確的方向，同時也別忘了及時檢視選擇的角度，適時調整。放掉無謂的固執，冷靜用開放的心胸做出正確抉擇。每次正確無誤的抉擇將指引你向更高的目標邁進。

　　許多人做事之所以失敗，不是沒有本事，而是定錯了目標。成功者為避免失敗，總是時刻檢查目標是否合乎實際，合乎道德標準的約束。

　　生命的意義，就是改變。你每天的想法都會改變，道理很簡單，因為你每天都不一樣，而且每天的情況也不同，生命就是這個樣子。自然界也因四季的變換而依序向前發展。你想像一下，如果一棵樹在春天時倔強拒絕抽發新芽，如果一朵花倔強拒絕開放，如果一顆蔬菜或一粒果實倔強拒絕生長或成熟，世界會變成什麼樣子？

41
目標是需要不斷調整的

在生活中,有不少人缺乏明確的目標,他們就像一群忙碌的老鼠,不斷在蒼茫的大地上亂竄,然而卻永遠找不到終點。其結果只能是白費力氣,得不到任何成就與滿足。

如果你也是這樣,一定要改變,一定要有自己的目標,除非你想當「老鼠」。

但並不是說有了目標,就有了一切,因為人生多變化,新事情也會不斷發生。如果我們設定的目標隨著時間的變化、環境的變化或個人能力的增長、興趣的改變,覺得原定的目標不適宜時,不妨換個新目標試試。

有不少的成功者都在人生大目標上進行過重大調整,從而也使他們的人生發生了根本性改變。

通常情況下,人們確立自己的人生目標,無非是根據當時當地的現實環境與自身某些主觀願望及其他相關條件而設定。隨著時間的推移、現實環境的變化、自身思想感情的變化、人生閱歷的增加以及其他條件的改變,人生目標有所調整便是自然的事了。如果過於僵化,一味前行,而不根據環境條件的變化作相應的調整,很可能會阻礙自己走向成功。

法則五 真正的策略：知難而退
41 目標是需要不斷調整的

　　一個人走向成功的首要前提是社會需要與自身條件的許可。自身條件雖然可塑性比較大些，但也不能完全壓抑自己的個性。假若由於年輕、知識不足或其他原因當初選錯了人生目標，就應該在適當的時候調整過來，根據便是自己的興趣、愛好、個性和社會需要。

　　著名武俠小說家金庸的經歷為我們上了生動的一課。

　　金庸少年時代的夢想是外交官，為此他曾在專業學校就讀外交系，又曾學習過國際法。儘管他在一九四八年去了香港《大公報》任職，但一心想成為職業外交官的想法從未泯滅過。後來在一位老師的推薦下，毅然離開香港，北上求職。

　　從客觀上來說，金庸的這次北上之行是錯誤的，不考慮客觀環境和自身條件而僅憑著滿腔熱忱去選擇事業，碰壁是難免的。所幸的是，金庸沒有在這條路上被動走下去，而重新選擇了回香港，所謂「迷途知返」，這才有了日後名滿香江的傳奇故事。此後，金庸雖然仍熱衷於國際政治，但也僅限於寫寫述評，參加一些社會公益活動，再不提成為職業外交官一事了。

　　也許從失敗中獲得的教訓比起在成功時總結的經驗更有借鑑意義，金庸的這次挫折可作為今人擇業的一面鏡子，有心人自會有所領悟。

　　對於一個人來說，選擇事業是和他的志向分不開的，也是和他的性格有關的，有些人習慣了「小富即安」，因此在某一行業取得成功後便不再求進取，哪怕在路已走到盡頭時仍抱殘守缺。自然，這很難

要當獅子就別與老鼠爭鋒
成功者只做最重要的事

有大的成就，而金庸的性格一向是追求「百尺竿頭，更進一步」，難固然是難，但不等於不行。

在金庸看來，寫武俠小說畢竟只是「副業」，在別人看來也許是成功的，但自己始終難抒己願。而最讓他難受的是，作為主業的編輯行業卻因《大公報》的工作作風而使自己難以盡情施展抱負，也正因為這一點自己才去了電影公司。但同樣，在電影業也一樣處處受制。那麼，下一步該怎麼走？

在別人看來，金庸堅持以寫武俠小說作為自己的事業也是很不錯的。但金庸選擇了一條充滿風險的行業：辦報。儘管辦報的風險極高，但金庸已經決定自立門戶，說做就做！一九五九年五月二十日，日後聲名斐然的《明報》正式創刊了。

《明報》創刊之始即苦苦支撐，困境時甚至只剩下包括金庸在內的兩位報人，許多人都斷言：《明報》不出半年就會倒閉。但出人意料的是，《明報》不但支撐了下去，而且銷量漸有上升，那麼，祕訣是什麼呢？

事實上，金庸對辦報是有所準備的，並不是自己一時的頭腦發熱。這次重新選擇事業金庸吸取了北上求職失敗的教訓，事先估計了各種可能的情形。十多年的經歷一方面為他增加了不少經驗，另一方面也使他有了一定的積蓄，用來做啟動資金是不愁的。為刺激報紙銷量，以前給《大公報》等寫的國際政治述評可以轉在《明報》上發表，而給《新晚報》等的武俠小說連載更是搶手貨。

法則五 真正的策略：知難而退
41 目標是需要不斷調整的

　　結果，在金庸的精心策劃下，《明報》很快就打開了局面。這自然得歸功於金庸事前仔細的策劃。

　　從金庸後期辦報成功的事例中可以看到，在成長道路上，我們沒有必要一條道跑到黑，更不應該固執已見，該放棄的要放棄，該堅持的要堅持，學會規劃自己的目標才是成功的伊始。

　　要成功卓越，就要審時度勢，睜大眼睛，不斷進行人生步伐的調整。只要是識時務的調整，就一定會使自己找到通向成功的捷徑；只要是識時務的變動，就一定會使自己登上通往幸運的快車。

42
永遠走在「希望」的田野上

太陽剛剛升起的時候，一群獅子已經在那些低矮的灌木叢中活動了。牠們昨天在圍捕一群大象的時候，遭到了大象的反擊，並受到了重創，但是今天牠們又重新站在了田野裡。這就是威猛的獅子，任何時候牠們心中都充盈著希望。

在生活中，人們很容易遇到一些失敗或障礙，於是悲觀失望，就此消沉下去；或在殘酷的現實面前，失掉活下去的勇氣；或怨恨他人，或唉聲嘆氣、牢騷滿腹。其實，身處逆境而不丟掉希望的人，肯定會為自己打開一條成功之路。

亞歷山大大帝為希臘世界和東方、遠東的世界帶來了文化的融合，開闢了一條一直影響到現在的絲綢之路。

據說，為了登上征伐波斯的漫長征途，他需要買進種種軍需品和糧食等物，為此他需要巨額的資金。但他從珍愛的財寶到領有的土地，幾乎全都分配給臣下了。

群臣之一的庇爾狄迦斯迷惑不解，便問亞歷山大大帝：「陛下帶什麼啟程呢？」對此，亞歷山大回答：「我只有一個財寶，那就是『希望』。」

庇爾狄迦斯聽了這個回答以後說：「那麼，請允許我們也來分享它

吧。」於是他謝絕了分配給他的財產，許多大臣也紛紛仿效了他的這一做法。

由此可見，人生的征途上，最重要的既不是財產，也不是地位，而是在自己胸中像火焰一般熊熊燃起的意念，即「希望」。因為那種毫不計較得失、為了巨大希望而活下去的人，肯定會生出勇氣；不以困難為事，肯定會激發巨大的激情，使自己的內心開始閃爍出洞察現實的睿智之光。

只有睿智之光與時俱增、終生懷有希望的人，才是具有最高信念的人，才會成為第一流的人。

保持「希望」的人生是有目標可尋的；失掉「希望」的人生，則必將通向失敗之路。「希望」是人生的力量，抱有「希望」活下去，是只有人類才被賦予的特權。

任何時候，我們都應該充滿希望，都應該像艾柯卡那樣活下去。

在福特汽車公司工作了八年的總經理艾柯卡，突然間被大老闆亨利‧福特開除而失業了。艾柯卡痛不欲生，他開始終日酗酒，對自己失去了信心，認為自己要徹底崩潰了。

就在這時，艾柯卡接受了一個新的挑戰：應聘到瀕臨破產的克萊斯勒汽車公司出任總經理。憑著他的智慧、膽識和魅力，艾柯卡大刀闊斧對克萊斯勒進行了整頓，並向政府求援，舌戰國會議員，取得了巨額貸款，重振了企業雄風。在艾柯卡的領導下，克萊斯勒公司在最黑暗的日子裡推出了「K型車」的計畫，此計畫的成功令克萊斯勒公

要當獅子就別與老鼠爭鋒
成功者只做最重要的事

司起死回生，成為僅次於通用汽車公司、福特汽車公司的第三大汽車公司。

一九八三年七月十三日，艾柯卡把面額高達八點一三億美元的支票交到銀行代表手裡，至此，克萊斯勒公司還清了所有債務，而恰恰是五年前的這一天，亨利‧福特開除了他。事後，艾柯卡深有感觸的說：「奮力向前，哪怕時運不濟；永不絕望，哪怕天崩地裂。」

正是因為艾柯卡心中始終存在希望，使他沒有放棄。可見，希望就像一盞小小的燈火，讓人們在苦難中看到光明和美好的一面；希望就像在廣闊的荒原中看見遠處有一叢繁盛的花，幫助人們的內心產生一種力量。

生命是如此川流不息，像車輪的滾動一般，而在生命的輪胎上卻找不到一個永恆的據點。生命如此迅速轉動著，生老病死在轉動著，喜怒哀樂也在不停轉動，一切是那麼的虛幻不實，過眼剎那即成雲煙，我們為什麼還要沉醉在那些悲傷中呢？我們為什麼不能走在「希望」的田野上呢？

我們都知道這世界是由許多的元素組成。這些元素組合後，便呈現出固體、液體和氣體的形式，而它們的組合是受溫度影響的。

河裡的水隨著氣候與溫度的轉變，時時呈現著不同的面貌：或水，或氣，或冰。當你從冰箱裡拿出一杯飲料，和你的朋友談笑風生時，杯子裡已經起了許多變化，冰塊融化成了水，更多的水稀釋了飲料的濃度——現在的飲料已經和剛端來的時候不一樣了，而事實上這樣的

調整與變化還在繼續著。

人生也是如此：時間不停流逝，新的事件發生了，新的因素像冰塊一樣加進了舊有的情緒裡，把它調稀、調淡。同樣，世界上任何事情都沒有永遠的悲苦，也沒有永久的怨恨，因此美好的希望便成了可以實現的目標。

一時的得失不算什麼，因為它們即將成為過去。失敗了？沒關係，收拾心情，再努力一次！成功嘛，也不值得大驚小怪，那只是一次美好的機緣巧合，條件俱足了，事業就會成功。

無論是成功，還是失敗，都要確保自己永遠走在「希望」的田野上，那樣才會有實現更大目標的可能。

要當獅子就別與老鼠爭鋒

成功者只做最重要的事

法則六　在正確的時間出現在正確的地點

　　最優秀的射手就是最善於捕捉目標的人，這些會移動位置的人永遠相信這樣一個道理，即一個坐著不動的人，是不可能在正確的時間出現在正確的地點的。

43

請你在正確的時間出現在正確的地點

機會主要指良好的、有利的時機，也就是在正確的時間和正確的地點做正確的事。「一頭雄獅」總是眼光敏銳，能夠及時發現機會，發揮自身優勢，進退自如，在競爭中處於不敗之地。

在商業競爭中，成功開發一個新的產品或服務體系，通常的基本規則是發現一種需要並去填補它，這種需要就是機會。但你永遠無法知道這種機會什麼時候、會以何種方式出現在你面前，因而就需要你時時留心。

美國金融大亨摩根就是一個善於捕捉機會的人。

摩根出生於美國康乃狄克州哈特福的一個富商家庭。他從小就經受著特殊的家庭氛圍與商業薰陶，在年輕時，他便頗富商業冒險精神。

一八五七年，摩根從哥廷根大學畢業，進入鄧肯商行工作。一次，他去古巴哈瓦那為商行採購魚蝦等海鮮，回來時途經新奧爾良碼頭。在碼頭休息期間，他下船在碼頭一帶兜風，突然有一位陌生白人從後面拍了拍他的肩膀：「先生，想買咖啡嗎？我可以出半價。」摩根疑惑的盯著陌生人。

那個人馬上自我介紹說：「我是一艘巴西貨船船長，為一位美國商

法則六 在正確的時間出現在正確的地點
43 請你在正確的時間出現在正確的地點

人運來咖啡，可是貨到了，那位美國商人卻已破產了。這船咖啡只好在此拋錨……先生！如果你買下，等於幫我一個大忙，我情願半價出售。但有一點，必須現金交易。先生，我看您像個生意人，才想找您談談。」

聽完了船長的敘述，摩根跟著他一起看了看咖啡，成色還不錯。想到價錢如此便宜，摩根便毫不猶豫決定以鄧肯商行的名義買下這船咖啡。然後，他興致勃勃發電報給鄧肯商行，可鄧肯商行卻拒絕這一交易。摩根無奈之下，只好求助於在倫敦的父親。他的父親回電同意他用自己倫敦公司的戶頭償還挪用鄧肯商行的欠款。摩根大為振奮，索性放手大幹一番，在巴西船長的引薦之下，他又買下了其他船上的咖啡。

年輕的摩根做下如此一樁大買賣，不能說不是冒險。但上帝偏偏對他情有獨鍾，就在他買下這批咖啡不久，巴西便出現了嚴寒的天氣，一下子使咖啡大為減產，這樣，咖啡價格暴漲，摩根也因此大賺了一筆。

此後的一百多年間，摩根家族的後代都秉承了先祖的遺傳，不斷冒險，不斷捕捉機會，不斷積累財富，終於打造了一個實力強大的摩根帝國。

顯然，機會是命運的偶然因素，但人生存在機會卻是一種必然，機會對智力高的人來說是助力，智力高則得到的機會可能性就多。

要當獅子就別與老鼠爭鋒
成功者只做最重要的事

在過去的歲月裡，或許我們一直等待成功的機會，而耗去了過多的時光，卻等不到機會的出現。從今天起，在等候的同時，我們可以開始做好準備，讓自己保持在最佳狀態，以便機會出現時，可以緊緊抓住它。

另外，我們還要看到，一個人才能的多少，是決定他們能否在成功路上捕獲機會的主要因素。反過來說，一個沒有多少才能的人，一般看不見機會，就算看見了也不會捕捉機會，那麼就更不可能取得事業上的成功。所以說，機會的基礎是自己的才能，沒有才能，有了機會也是把握不住的。

才能是什麼？它就是一個人的實力。一個人真正有了雄厚的實力與才能，總是可以抓到機會的，即使錯過今天的機會，還有明天的機會。

牛頓從蘋果落地得到啟發，提出萬有引力學說；瓦特從水壺冒汽得到啟發，發明了蒸汽機；魯班從草的鋸齒割破手指得到啟發，發明了鋸子……這種事例在古今中外數不勝數。他們為什麼會成功？看見蘋果落地、水壺冒汽的人不少，手被草劃傷的人更多。可是為什麼偏偏是他們抓住了成功的機會呢？這就是因為他們本身的實力與才能出眾，善於在別人習以為常的現象中得到突破。

一個人無論天生聰明或駑鈍，他如果能有過人的成就，必然在「遲鈍處」下過苦功。別人不去想的，他去深思；別人不屑做的，他敢去嘗試。

法則六　在正確的時間出現在正確的地點
43 請你在正確的時間出現在正確的地點

　　你也一定要努力讓自己在正確的時間出現在正確的地點，這樣你才會做出正確的事情。

44
好射手是會跑位的人

足球場上，那些射門機會最多的是前鋒，這不僅僅因為他們離球門近，更重要的是因為他們善於跑位，擅長在特定的環境下把握時機。一個好的射手往往是最會跑位的人。

美國有一句諺語：「通往失敗的路上，處處是錯失了的機會。坐待幸運從前門進來的人，往往忽略了從後門走出的機會。」

機會不會憑空而降，但在人生的漫漫長路上，大大小小的機會總會來臨。那些怨天尤人，只會埋怨自己走背運的人，為什麼沒有機會登門呢？這主要因為他們不善於把握機會的取捨之道。

如果一個人總相信運氣會從天而降，他就會不斷拒絕各種機會，因為他認為那些機會還不夠好，他所要的是大名厚利、高職位，他不甘於基層起步。我們可以想像不久人們便懶得給他任何機會了，而他一生很可能就這樣耗掉。

可見，一味相信運氣，會使人喪失很多機會。要獲得機會的厚愛，就要有獲得機會的特性，就要敢於從常人思維的死角中去發掘機會。

善於把握機會就要不落窠臼，敢為天下先，還要經得住各方面特別是來自同行的冷嘲熱諷。一個人不落窠臼，期望在某個方面有新的

法則六 在正確的時間出現在正確的地點
44 好射手是會跑位的人

突破，獲得新的成功，難免會對傳統的觀點、做法乃至過去行之有效
的成功經驗進行重新的思考和認識，並採取一些與眾不同的方法、手
段，這必然會招致一些冷嘲熱諷。對付的辦法是：走自己的路，讓別
人說去吧！

　　我們的人生本身就是強大的、完整的。每個人都生而具備四種心
理功能：思維、情感、感覺和直覺，這是使我們成為有用之才的內在
保障。盡可能充分地挖掘自身的潛能，所有人都有可能使自己獲得成
功。

　　美國加利福尼亞州沙加緬度有一個叫格奇的青年，做家庭用品通
訊銷售。最初，他在一流的婦女雜誌刊載他的「一美元商品」廣告，
所登的廠商都是有名的大廠商，出售的產品皆是實用的，其中大約百
分之二十的商品進貨價格超出了一美元，百分之六十的進貨價格剛好
是一美元，所以雜誌一刊登出來，訂購單源源不斷湧來。

　　格奇並沒有什麼資金，這辦法也不需要資金，客戶匯款來，用這
些錢去買貨就行了。當然匯款越多，他的虧損便越大，但他並不是一
個傻瓜，寄商品給顧客時，再附帶寄去二十種三美元以上一百美元以
下的商品目錄和商品圖解說明，再附一張空白匯款單。

　　這樣雖然賣一元美金商品有些虧損，但是他以小金額的商品虧損
贏得了大量的顧客。顧客就不會在戒備的心情之下，向他買比較昂貴
的東西了。如此昂貴的商品不僅可以彌補一元商品的虧損，而且還可
以獲取很大的利潤。

要當獅子就別與老鼠爭鋒
成功者只做最重要的事

　　從此，他的生意就像滾雪球一樣越做越大，一年之後，他成立一家 AB 通訊銷售公司。再過三年後，他雇用五十多個員工，一九七四年的銷售額多達五千萬美元。

　　格奇的這種「釣大魚」的辦法，有著驚人的效力。這位青年起初一無所有，可是幾年之後，就偷天換日般建立起他的 AB 通訊銷售公司。

　　可見，我們要駕馭機會，就要駕馭自己。要讓自己在外在的機會面前不坐失良機，至關重要的是要有自信心。因為人最大的敵人，便是他自己；人最大的夥伴，同樣來自他的內心。成功的人生，全看你如何向自己挑戰。

　　以個人的獨特方式觀察世界，便能發現在這個世界上幾乎處處存在著機會。同樣一種事物，從一個角度看上去是災難，換一個角度看上去看可能就是機會。

　　面對機會的來臨，人們常有不同的選擇方式。有人會單純地接受；有人保持懷疑的態度，站在一旁觀望；有人則頑強得如同騾子一樣，固執不肯接受任何新的改變。而不同的選擇，當然會導致截然不同的結果。許多成功的契機，在起初未必能讓每一個人都能看到它的雄厚潛力，而在起初之際抉擇的正確與否，往往是成功和失敗的分水嶺。

　　在人生的旅途中請審慎動用你的智慧，做出最正確的判斷，選擇屬於你的正確方向。同時別忘了隨時審視自己選擇的角度是否產生偏差，適時給予調整，只有這樣才會渡過人生所有的關卡。

45
真正的聰明人創造機會

老鼠總是抱怨自己沒有機會，它認為，上天把機會都給了獅子；而一頭聰明的獅子絕不會這樣想，牠知道，獵物絕不會主動送到自己口中，牠需要去創造一切皆有可能的機會。

對於我們每個人來說，機會是一種有利的環境因素，牠讓有限的資源發揮出無窮的作用，藉此有效創造利益。具體來說，在特定的時空下，各種因素如果配合恰當，就能創造出有利的條件，誰能最先利用這些有利條件，有效配置這些人力、物力，誰就能更快、更容易獲得更大的成功，賺取更多的財富。

生活中，很多人經常抱怨別人機遇比他們好，好像別人的成功無非是運氣好而已。而自己雖然付出了足夠的努力，卻因為倒楣、運氣差，而沒有獲得成功。這樣的抱怨我們聽到的太多了。事實真像他們說的那樣嗎？

恰恰相反，現代社會為我們提供了無窮無盡的致富機會。新職業和新業務正在不斷產生。快速發展的網路已經為我們創造出很多新的業務類型。由於有人擁有足夠的創造力和動力能利用周圍的機遇，所以每天都有新產品、新服務和新技術出現。可是還有些人不能在諸多機遇面前，以成功者的眼光去捕捉，因此也就只能終日對著空洞的人

要當獅子就別與老鼠爭鋒
成功者只做最重要的事

生哀嘆不止。

一頭聰明的獅子會主動去創造機會捕捉獵物，而一個真正的聰明人是善於創造機會的人，因為創造機會能充分發揮自己的主觀能動性，把握甚至改變事情的發展趨勢。正如莎士比亞所說：「聰明人會抓住每次機會，更聰明的人會不斷創造新機會。」

美國亞默爾公司創始人菲力普 · 亞默爾就是一位善於創造機會的人。

亞默爾出生在一個農民家庭裡，他的個性不同於一般孩子，他對讀書不感興趣，對學校的紀律也不習慣。他好動而又容易發火，經常與同學爭吵打架。後來他因一次打架事件被開除了，於是他回到家裡幫父親工作。

在他十七歲那年的一天，他聽到加利福尼亞州發現黃金的消息，感到機會來了，便帶著鋤頭，帶著黃金夢來到加州碰運氣。到了加州之後，他才知道採金並不容易，大片荒原上擠滿了採金人，吃飯喝水都成了問題。亞默爾像大家一樣拚著命工作，太陽火辣辣暴晒，汗水不住流淌。

山谷裡氣候乾燥得要命，水源奇缺，在這裡水同金子一樣寶貴。這就啟動了亞默爾的靈感：與其如此艱苦挖這未必能挖到的金子，還不如搞些水來供給這些挖金子的人。

於是他放棄了採金的工作，把手裡的鋤頭掉轉了方向，去挖了一個水溝，把河水引進挖好的水池裡。水經過細沙過濾，已變得清澈可

法則六 在正確的時間出現在正確的地點
45 真正的聰明人創造機會

飲了。他又把這些水分裝在壺裡，到工地上去賣。這是一筆投資極少，而收益極佳的生意，在短短的時期內，他已有了五千元的收入。許多人沒有挖到金子，而他卻靠水成了一個小富商。

當許多人的「黃金夢」已經破滅，四處走散之後，亞默爾卻找到了「以水換金」的發財機會。可見，很多勤奮的人缺少的其實不是機會，而是發現機會的眼睛。

想獲得機會，就必須隨時全神貫注做好準備，一有機會出現，便跳起來將它抓住。

你一定不要理睬那些認為這件事情肯定做不成的人。在那些別人認為是不可能的事情中往往可以找到最好的機會。事實上，與別人都認為可以做的事情相比，他們認為肯定做不成的事情中往往都存在著更大的機會。

當你實現了那些以前對你來講是不可思議的事情時，你就創造了輝煌。如果別人以前都認為你不可能做得到的事情，你卻最終實現了，那麼你就能體會到更大的滿足感。

46
現在需要你離開自己的安樂窩

在老鼠的眼裡，只有在自己的窩裡生活才是最安全、最快樂的，它們不願去外面冒險，它們認為這就是自己的安樂窩；而一頭雄獅是不會躺在這樣的安樂窩裡的，它對於外面的一切變化都充滿了渴望。

生活常常逼迫我們離開從前那個安全而熟悉的環境，走上未知的征途。出於對未知的恐懼，我們大概一開始都會抵制各種變化。但是生活環境的「尖刺」會變得日益難以忍受，使我們不得不邁步向前。

每一天的生活對於我們來說都是一次新的體驗。我們不妨多問一問自己：「我真正度過了這麼多年，今日如昨日，今年似去年，我是否空耗時日？」

愛迪生說：「倘若你要做二十年前曾經做過的事情，你會發現還有更好的解決辦法。「這句話的確很有道理。」

美國的羅賓‧維勒就是一個敢於求新求變的實業家。他剛開始創業時，經營著一家規模很小的鞋廠，全部雇工加起來才十幾個人。於是羅賓為工廠的出路提出了兩個設想：

首先，是使產品向高檔化發展，選用上好的皮料，雇用熟練老工人，使皮鞋在品質上超過別的廠家。而由於工廠本來就規模小，成本高，使產品高檔化會讓工廠負擔不起，況且創名牌並非易事，也許名

180

牌還沒有創出來，工廠就已經垮了。所以，羅賓決定把這個設想取消。

另外一個設想就是，改革皮鞋款式，追趕市場潮流。如果不斷有新產品、新樣式上市，從而引起顧客的注意，那麼，鞋廠的前途就會不斷地好起來。

於是，羅賓把所有的雇工召集在一起，要求他們各盡所能設計新款式的皮鞋。他還專門制定了獎勵制度，凡是所設計的新款式鞋樣被工廠採用者，獎一千美元；重賞之下必有勇夫，不出一個月，羅賓就收到了很多種設計的草樣，其中不乏很有創意的設計。他和那些熟練的老工人一起研究挑選了幾個晚上，終於選定了三個款式別致的鞋樣作為試製品。而且，第二天便在全體工人的面前把一千美元獎金發給了這三個工人。

羅賓將這三個新樣式的鞋分別製了一千雙，然後立即送往各個大城市進行推銷。都市人群早已穿厭了那些式樣單一、顏色黯淡的舊式皮鞋，忽然看見了這些樣式新穎的皮鞋，眼前為之一亮，仿佛看見了一個新的世界，於是競相購買。不出幾天，這三千雙樣品就被搶購一空。

一星期後，羅賓的工廠收到了如雪片般飛來的訂貨單，總數達兩千七百多份。羅賓捧著這沉甸甸的訂貨單，知道自己的心血並沒有白費。

有了市場作後盾，羅賓的工廠日益壯大起來，幾年之後，羅賓已

要當獅子就別與老鼠爭鋒
成功者只做最重要的事

經擁有了十多家頗具規模的皮鞋製作工廠了。

如果你希望避免在成功的路上走彎路，那麼你最好去找一條新的道路，不要走別人走過的那些老路了。具有創新精神，勇於在變化中求發展，擁有遠見卓識，為自己打造新的天空，這是每個想成功的人必備的基本要素。

俗話說：「生活即變化，變化即生活。」換句話說，周圍處處有變化。為了促進我們的成長，允許變化自然地發生是十分重要的。當我們抵制變化時，常常就阻礙了進步和發展。我們努力向前邁進，尋找新的和更好的生活方式，也許會發現從未見過的方法，這樣，就會給自己和他人帶來收益。

與其把時間都投入到日復一日、年復一年沒有變化的工作中去，不如在自己的思維領域中尋求突破和變化，我們要關注新的可能性，發現新的機遇。就像蝴蝶完成它的變形一樣，我們不能再待在自己製造的保護牆後面了。我們內心的某種東西掙扎著要自由，要衝破停滯，上升到一個新的領域。

獅子在原來生活的地方已經捕不到大的獵物了，這時，獅王帶著群獅又開始了新的征程，每個獅子的心中對未來都充滿著希望。

47
「獅王」的魄力：謹慎而果斷做決定

在面對強敵的時候，獅王不會盲目而草率下決定；牠也不會因此而放棄可能成功的機會。牠會仔細分析並果斷地做出決定，這就是獅王獨有的魄力。

在工作中，我們遇到難題時也不要武斷做出決定。也就是說，在自己尚未徹底摸清情況之前，不要盲目採取行動。這一點相當重要。因為倉促下決定，一定會因考慮不周而導致最後的失敗。

但是你要記住：不輕易做決定，並不是有了決定就像「老鼠」那樣猶猶豫豫，這裡所要強調的是，下決定既要謹慎對待，還要準確迅速完成。

在管理工作中，管理者能不能果斷做出決策，往往是決定事業成功與否的基本因素。所以，有成就的企業家在準備開發一項業務之前，自己一定會先考慮對此項業務的基本開拓前景，及時而果斷下定決心，制定出執行此項業務的行動綱領。

及時而果斷下定決心，也是管理者發揮本身意志力的重要手段。一個擁有成千上萬員工的企業組織，突然遭遇到重大事故時，如果稍有遲疑迷惑，猶豫不決，不但會失去解決事情的良機，甚至還會造成員工情緒的不安，弄得士氣低落，工作效率也會急劇下降。

要當獅子就別與老鼠爭鋒
成功者只做最重要的事

　　要及時果斷下定決心就要有正確的判斷力。正確的判斷是成大事者一項經常需要訓練的素養。為什麼呢？因為沒有正確的判斷，就等於在為自己製造更多的失敗和危機。

　　在平常情況下，大部分人都能控制自己，也能做出正確的決定。但是一旦事態嚴重，他們就會自亂腳步，而無法把持自己。因此，要保持冷靜的頭腦，首先要相信自己的頭腦，不要由於缺乏必備的力量，就否定一個可能的觀念和構想。

　　處在今天這種複雜多變的時代，企業與企業之間、人與人之間相互競爭又互為利用，因此會造成十分沉重的壓力。時間的爭取、意志的堅強，其關鍵在於能否準確做出判斷。正如一條遭遇暴風的小船，能不能衝出驚濤駭浪，轉危為安，完全靠著船上是不是有一位經驗豐富、意志堅強的舵手而決定。

　　當然，管理者在做決定之前，要慎重考慮，周詳盤算，廣泛徵求別人意見，才能使自己的決定不致發生太大的錯誤。這也是必要的。因為，世上沒有人能夠保證所有的決定都絕對正確，我們只能要求每個管理者在做決定之前，先多方考慮，用自己的經驗智慧，參照客觀的形勢，審慎而迅速做出比較合理、正確的決定，把錯誤的可能性減少到最低限度。

　　對於一個頭腦冷靜的偉大人物來說，他不會因境地的改變而有所動搖。經濟上的損失、事業上失敗、艱難困苦都不能使他失去常態，因為他是頭腦鎮靜、信仰堅定的人。同樣，事業上的繁榮與成功，也

不會使他驕傲輕狂，因為他安身立命的基礎是牢靠的。

在任何情況下，做事之前都應該有所準備，要腳踏實地、未雨綢繆，否則一到困難臨頭，便會慌亂起來。當別人都慌亂不已，而你卻能充滿自信，保持鎮定姿態，你就已經賦予了自己更大的熱情和力量，使自己具有了更大的優勢。

48
謹記：傻瓜的匆忙是世界上最慢的東西

　　真正的聰明人告訴我們，只有傻瓜才會匆匆忙忙趕往任何一個他認為值得去的地方。而一個真正的聰明的人，會在正常有序的工作節奏中，把握住正確的時機，做出正確的事。

　　不管我們試圖要完成的事情是什麼，我們都要盡自己最大的努力。記住湯瑪斯‧沙德韋爾的話：「傻瓜的匆忙是世界上最慢的東西。」像「老鼠」那樣不顧一切胡亂忙碌，只能把我們真正追求的那些東西——滿足、健康、心靈的平和快樂從我們身邊推開。

　　也許你像當今世界中數以百萬計的其他人一樣，賺錢的需求已經失控並且身陷其中，難以自拔。你渴望得到更多的興奮、冒險、滿足、快樂和更高的生活品質。然而，你卻永遠都找不到實現這些願望的時間。如果你也處於這種情況，那麼你可能就是一個工作狂或準工作狂了。

　　不管你會在多大程度上否認這一事實，但如果你一直持續過度工作，那麼你的幸福遲早會遭到損害。當你越來越努力工作時，你就會很可憐。你在工作上投入得越多，你就會變得更可憐。

　　隨著時間的推移，情況會越來越糟糕。過度工作，就像過度鍛鍊身體一樣，只會讓你適得其反。當生活失去平衡後，你就是只用一隻

法則六 在正確的時間出現在正確的地點
48 謹記：傻瓜的匆忙是世界上最慢的東西

翅膀在飛翔。平衡的生活是建立在一種思想平衡境界上的，它需要感情投資，而不僅僅是金錢投資。當你能把對工作和工作方式的信念轉化到這種程度時，你能改變生活的程度會遠遠超出自己的想像。

最重要的是，你一定不要讓自己認為工作至上是某種智慧和英雄主義的行徑，即使有至少百分之二十的工作人員沉迷於工作。由於工作狂百分之百把自己投入到工作中，所以他們就很難找到自己真正需求的精神。

你還要清楚這樣一個真相，工作狂並不是內心堅強的人，他們甚至是一些精神脆弱的人，他們沒有更多享受生活的意志力，健康和快樂看起來對他們並不重要。

這些人之所以過度工作，是為了逃避自己內在的成長、有趣的體驗、家庭、社會活動和他們自己。從某種意義上講，工作狂也是有一些貧窮感的人，他們對於自己的能力缺乏自信。否則，他們不會在工作上花那麼多的時間。

要克服努力工作的觀念，你就一定要學會合理安排好自己的時間。如果你每天只工作四五個小時就能獲得很好的收入，那麼就這樣做好了——不要管其他人怎麼說。你一定要創造出你自己對於成功的定義，並培養一種強烈的脫離同事的獨立感。

具有創造性的閒散和其他具有建設性的休閒活動都需要賦有原創性和想像力，然而大多數忙碌的工作卻很少需要原創性，而且根本不需要任何創造性思維。工作狂們發現，與發掘一些精力和創造力去追

187

要當獅子就別與老鼠爭鋒
成功者只做最重要的事

求那些能增加生活平衡感的活動相比，完成別人規定的工作任務相對容易很多，這使自己完全喪失了發展的寶貴時機。如果他們更有創造力的話，他們就不必在賺錢上花這麼多時間了，因為他們的效率也會更高。

忙碌是得到各種組織、教育機構和媒體認同的一種壞習慣。有一點我們的確要承認，在當今社會，如果你不是極端繁忙並承受著巨大壓力的話，那麼你就會被認為是一個無足輕重的人。這也正是這個社會上，為什麼平庸無為的人之所以氾濫成災的主要原因之一。認真思考你會發現，任何一家公司中最厲害的賺錢高手，總是那些知道如何用非傳統方法做事並具有創造性的人。他們意識到長時間工作並不等於具有更高的效率。

成功之路上，那些看起來緊急的事情很少是真正緊急的，你能透過放慢生活節奏來開啟你的創造力，想出一些能改善他人生活並對整個世界也有益處的好主意。這將會讓你充分實施自己的想法，並在未來創造出大量的財富。

這看起來似乎是不可思議的，但當你不再沉迷於實現成功本身的這件事，不再為了實現它而忙碌工作時，成功便會更容易、更快捷降臨在你的身上。

49

找準你前進的方向

獅子在捕捉獵物的時候，總是能夠在有利的時間出現在有利的地點，這使牠無往而不勝。

你要想讓自己成為強者，必須這樣來培養自己做事的習慣：專心把時間運用於一個方向上，這樣你能集中精力，解決迫在眉睫的難題。

在工作中，為什麼有的人具有很高的效率，而有的人忙忙碌碌卻最終一事無成呢？關鍵在於他沒有注意到所做的事情的方向性，把他的精力消耗在偏離方向的不重要的事情上，從而做了一些無用功。他們在羨慕別人成功的同時還往往不知道自己的失誤到底在哪裡。

讓我們看看這樣一個故事。

十八世紀後期，歐洲探險家來到澳洲，發現了這塊「新大陸」。一八○二年，英法兩國各派一隻船隊向這塊寶地進軍，他們都想占有這塊寶地。於是英國和法國進行了一場時間上的比賽。

法國先進的三桅快船很快捷足先登，占領了澳洲的維多利亞，並將該地命名為「拿破崙領地」。這時，他們發現了當地特有的一種珍奇蝴蝶，為了捕捉這種蝴蝶，他們全體出動，一直追入澳洲的腹地。

不久，英國人也來到了這裡，當他們看到法國人的船隻，以為法

要當獅子就別與老鼠爭鋒

成功者只做最重要的事

國人已占領了此地，非常沮喪。但仔細一看卻沒發現法國人，於是，他們迅速占領了這塊寶地。等到法國人興高采烈帶著蝴蝶回來時，這塊土地已經牢牢地掌握在英國人的手中了。留給他們的只是無盡的悔恨。

事實上，法國人已經占領了目的地，但是他們在沒有完全達成目的時，由於自己不小心而偏離了原來的方向，最終功虧一簣，前功盡棄。這個慘痛的教訓告訴我們：不論是學習還是工作，都必須注意行動的方向性和有效性。

做大事者都有一個共性，就是善於把握方向。無論他們做什麼事情，都把目標看清楚後才開始行動。如果沒有明確的目標，一味蠻幹，是絕不會獲取成功、達到理想彼岸的。

一個人最重要的成功原則就是，要時刻清醒認識到自己是什麼樣的人，以及要做什麼樣的事情。

美國加州口腔醫生艾爾・司徒倫保，每天都在同一時間起床，開車走同一路線上班，把車停在同一個停車位。他穿外科手術服時總是先穿上衣，再穿褲子；總是先洗右手，再洗左手；檢視病人時總是站在同一位置。這並不是什麼迷信。他按照一定的方向行事，能夠有條不紊處於專注狀態。

為了使自己把時間用在一個方向上，你可以為任何工作制訂一套行之有效的行動程序。假如你不太喜歡手頭的工作，不妨為自己建立一個工作順序：先泡一杯茶給自己，然後清理書桌，把筆放在左邊，

電腦、電話放在右邊，最後開始做自己的工作。天天如此，要不了多久，你就能在做完這些程序後自然而然進入全神貫注的精神狀態，並且全力以赴工作了。

心理學家威廉‧詹姆斯早在一個世紀前就研究發現，人類在處理事務上，只發揮了自己極小部分的潛力。我們的工作大多數都是例行的，或者千篇一律的。於是，我們的腦子幾乎是「閒著無事」的。由於我們「無法全心的投入」，結果就可能發生因疏忽而引起大的災難，或者覺得工作沒一點方向感，生活毫無生趣可言。

因此，在做一件事情時，你甚至可以在做每一個步驟時，把它大聲說出來，這樣不僅有助於精力集中，而且還能夠提醒自己遺忘了哪些步驟。

一流的網球運動員心裡只會想著如何打出一個漂亮的進球，不會想著贏得比賽。連連擊出好球，自然就能贏得比賽的勝利。想要保持專心致志，必須把所有的時間集中運用在一個方向上。這樣才會使自己更容易解決面臨的問題。

由此可見，無論做什麼事都要掌握好方向性、目標性。沒有方向，漫無目的去做，那樣就等於是在白白浪費時間，根本不會有什麼高效率可言。

50
在不斷的變化中引爆自我

　　機遇總是在變化中產生的，儘管這種變化可能蘊藏著一種危機，但即使是危機，它也是由變化而引來的一次機遇。

　　人，只有在不斷的變化中努力尋求解決問題的辦法，才能最大限度引爆自我，做出超人的成績。彼得‧尤伯羅斯就是一個善於在不斷的變化中引爆自我的人。

　　由於前幾屆舉辦奧運會的各大城市出現大幅度的經濟虧損，一九八四年的奧運會幾乎到了無人問津的地步。最後美國為了顯示其泱泱大國的實力，以洛杉磯為唯一的申辦城市來舉辦此屆奧運會。可是，等拿到奧運會的主辦權之後不久，美國政府就公開宣布對本屆奧運會不給予經濟上的支持，接著洛杉磯市政府也說，不反對舉辦奧運會，但是舉辦奧運會不能花市政府的一分錢……

　　面對這樣的困境，洛杉磯奧運會籌備小組不得不向一家企業諮詢公司求救，希望這家公司尋找一位高手，在政府不補貼一分錢的情況下，舉辦好這屆奧運會。這家公司動用了他們收集到的各種資料，根據奧運會籌備小組提出的要求，開動電腦廣泛搜尋最佳人選。電腦經過一次一次的不斷搜尋，電腦裡反覆出現了一個名字：彼得‧尤伯羅斯。

法則六 在正確的時間出現在正確的地點
50 在不斷的變化中引爆自我

彼得‧尤伯羅斯究竟是什麼人呢？他就是美國當時第二大旅遊公司的創造人。他的公司在全世界擁有兩百多個辦事處，手下員工一千五百多人，每年收入達兩億美元。他非凡的管理才能由此可見一斑。彼得‧尤伯羅斯也就擔起了這副重擔，擔任了奧運會組委會主席。

面對諸多困難，彼得‧尤伯羅斯首先是這樣分析的：全世界有幾十億人，對體育沒有興趣的人恐怕找不到幾個。基於眾多因素，更多的人是透過電視來觀看體育比賽的。因此，在奧運會期間，電視成了他們須臾不可缺少的「精神食糧」。很顯然，電視收視率的大大提高，廣告公司也會因此而大發其財。

於是，彼得‧尤伯羅斯決定拍賣奧運會電視轉播權。這在奧運會的歷史上可是破天荒的。

精明的尤伯羅斯來到了美國最大的兩家廣播公司進行遊說，一家是美國廣播公司（ABC），一家是全國廣播公司（NBC）。同時又策劃了幾家公司參與競爭。一時間報價不斷上升，出乎人們的意料之外，就這一筆電視轉播權的拍賣就獲得資金二點八億美元。

為了獲得更多的資金，尤伯羅斯想方設法加劇各大企業間的競爭，於是奧運會組委會做出了這樣的規定：本屆奧運會只接受三十家贊助商，每一個行業選擇一家，每家至少贊助四百萬美元，贊助者可以取得在本屆奧運會上獲得某項商品的專賣權。

經過各家公司的激烈競爭，尤伯羅斯獲得了一百八十五億美元的

要當獅子就別與老鼠爭鋒
成功者只做最重要的事

贊助費。他的這一招的確比較兇狠：一九八〇年奧運會的贊助商是三百八十一家，可是總共才籌集九百萬美元。

另外，尤伯羅斯還利用自身的優勢，在各項規定中「逼著」那些有錢的人掏腰包。

奧運會組委會規定：凡是願意贊助兩千五百美元的人，可以保證在奧運會期間每天獲得兩個最佳看台的座位，這就是一九八四年美國洛杉磯奧運會的「贊助人票」。

組委會還規定：每個廠家必須贊助五十萬美元才能到奧運會做生意，結果有五十家雜貨店或廢品公司也出了五十萬美元的贊助費，獲得了在奧運會上做生意的權利……

奧運會結束後，美國政府和洛杉磯市政府沒有掏出一分錢，最後盈利二點五億美元，創造了一個世界奇蹟。從此，奧運會的舉辦權成了各個國家爭奪的物件，競爭越來越激烈。

尤伯羅斯之所以創造了奇蹟，關鍵在於他善於在不斷的變化中發現可以賺錢的東西，善於發現市場的競爭點。

「不和老鼠比賽」就是告訴我們成功沒有尋常路，你要大膽多方位搜尋和籌畫，不因恐懼失敗而灰心喪志，也不因別人的指指點點而猶豫彷徨。不盲從，也不隨俗，在不斷的變化中，走好自己的路，走出一條成功的路。

誠然，我們是被製造出來改變環境、解決困難、達成人生使命的，若沒有可供達成的理想，我們的人生就不會滿足，也不會快樂。

法則六 在正確的時間出現在正確的地點
50 在不斷的變化中引爆自我

　　所以，不管你現在處於何種惡劣的環境中，也不要被時刻變化的環境打垮，而要為了達到目標去努力，向著更大的目標挑戰。如果你能夠在不斷的變化中最大限度引爆自我，那麼成功的彼岸離你也就不遠了。

51
「你到底做了多少事」

現在這個世界變化的速度實在是太快，人們只要一不留神，就會在一連串的活動和工作裡失去方向。

你可以觀察身旁的人，有些人像「老鼠」那樣到處跑來跑去，他們似乎有開不完的會議，還貪心想同時專注於好幾項不同的工作——一邊忙著寫報告，嘴巴還在打電話，結果卻什麼也做不好。

如果你也是這樣，那麼就請聽聽詹姆斯‧寧是怎麼說的吧，「不要跟我說你有多麼努力工作，請說說你到底做了多少事情。」

毋庸置疑，每一個人每天都有二十四小時，就是一千四百四十分鐘，也就是八萬六千四百秒，然而，大多數人卻把時間花在和別人溝通自己所秉持的價值觀上。你可能會急著說自己可不是這樣，不過請你先想一下這個問題：「對於人生當中最重要的事情，我所投入的時間數量以及品質，自己是否覺得足夠？」不要急著給出答案，想幾天再說吧。

你要了解到：時間是掌握在自己的手上，全天下除了你自己之外，沒有任何人能夠為你管理時間或是解決浪費時間的問題。你擁有完全的主導權，因此你也能夠做些改變。人生是你自己的，你完全可以選擇如何有效運用時間，去做最重要的事情。

法則六 在正確的時間出現在正確的地點
51「你到底做了多少事」

有些時候，可能因為缺乏自律、優柔寡斷或者是缺乏能力而苦惱；浪費時間的元兇也可能是缺乏授權的技巧、不會拒絕別人，或是不會根據事情的輕重緩急來排定處理的先後順序。因此，我們不妨來看看美國作家葛蘭 · 范 · 艾克倫為我們提供的建議。

第一，根據事情的輕重緩急來排定處理的先後順序。

你不可能什麼事情都做，待辦事項寫得密密麻麻，野心勃勃到什麼都想完成只會降低生產力，也不切合實際。你要做出抉擇，從待辦事項的清單當中挑出「選擇要做的事情」。你會驚訝發現，原來有這麼多事情是自己可以選擇去做，而不是必須去做的，你完全可以把自己的精力花在對你而言最重要的事情上。

第二，抓住實質，問對問題。

不管是從事什麼樣的活動，當你開始懷疑自己是不是在浪費時間的時候，首先問問自己這個問題：「現在花時間在這上面，對我而言是不是值得？」然後，再根據自己的答案來採取行動。

第三，以結果為導向，而不是以活動為導向。

活動本身並不能和成就畫上等號。不要用你多麼忙碌來衡量你的效率，應該是以自己成就了什麼來做衡量的標準。

第四，學習拒絕的藝術。

絕大多數的人都不喜歡拒絕別人。不過有的時候，我們對自己的極限有著不切實際的想法，大家都需要被需要的感覺，而這樣的心理很容易形成障礙，讓我們說不出拒絕的話。如果你無法拒絕別人，那

要當獅子就別與老鼠爭鋒
成功者只做最重要的事

麼自然也無法掌握全域。

第五，井井有條做事。

美國作家阿爾伯特 · R · 卡爾曾這樣說：「短期派遣人力公司針對兩百家大型企業執行官所進行的調查結果顯示，他們每年浪費了將近六週的時間用於尋找隨手亂放的檔。」因此，你在工作之前應先把檔歸整得井井有條，然後每次取用時記得隨手放回原處。

第六，修正自己的態度。

不管你多麼努力於有效利用時間，但是你對於自己有多麼忙碌、有多少時間，或是對於人生有多少需求的認識卻可能會形成阻礙，所以應該要保持著有彈性的態度。如果你的計畫碰到了障礙，那就應該努力去找新的機會才對。

第七，第一次就做對。

如果你連做對的時間都沒有，那你什麼時候會有時間重新再做一次？

第八，預先做好規劃。

譬如，晚上睡覺的時候把隔日要穿的衣服先拿出來；預先購買生日禮物或是聖誕禮物；特殊日子或是活動之前的三十天預先提醒自己。

第九，對零碎時間善加利用。

在飛機場等班機來到，在餐廳等待上菜，或是在塞車的時候，這些等待的時間是最適合用來做些零碎的事情。

第十，對自己設定截止時間。

法則六 在正確的時間出現在正確的地點
51「你到底做了多少事」

不管事情大小，都不要放任自己無限期拖延；設定截止時間來挑戰自己，並且在預定的時間內完成。

對於大多數的人而言，找出人生以及專業生涯中最重要的事，似乎是輕而易舉的事情，但問題是，幾乎沒有什麼人能夠投注足夠的時間在這些事情上。我們的出發點很好，而且也努力了好幾個星期，但是許多人都會瞎忙一通，使自己的生活一團糟。

如果你覺得自己已投入足夠的時間和精力給這些重要的事項，或許你也可以感覺到某些程度的平衡，人生感覺上也會比較協調。不過從另外一個角度來看，如果這些對你而言最重要的事情被推到角落吃灰塵，那麼，你必然會覺得人生似乎缺了些什麼而因此感到失落。

因此，你可以根據自己的目的，找出人生以及職業當中最重要的事。然後，把這些事項安排到自己每週的行事曆當中，而且要把它們排在最前面。

52
「雄獅」不會穿「老鼠」的拖鞋

美國國際管理集團（IMC）的創建者馬克・H・邁克是商界一流的管理專家，他自己介紹，他從一位好朋友身上學到了不少東西。其中最重要的一點是——把自己的優勢發揮到極限，否則將事倍功半，甚至會一敗塗地。

他的這位朋友是位出類拔萃的推銷員，只要他一出面，他的魅力就能充滿每個角落，你只有把錢花光才會離開。不過他的長處僅此一點，在其他方面，比如說組織能力、資金使用、人員管理、業務細節和工作貫徹方面等等都一竅不通。

由此可見，一個人不可能面面俱到。追求完美，關鍵在於努力把自己的特長發揮到極致，而把不足之處的危害降到最小。如果把自己的精力全部放在改進自己弱勢方面，收效不會很大，反而會影響自己長處的發揮。

一個人變與不變，不能一概而論，應當根據不同的情況而定。一個人竭盡全力去做一件事而沒有成功，並不意味著他做任何事情都無法成功。因為他可能選擇了不適合自己天性的職業，這就註定難以成功。如果你是「一頭雄獅」，就不會去穿「老鼠」的拖鞋，它很容易阻礙你前進的腳步。

法則六 在正確的時間出現在正確的地點
52 「雄獅」不會穿「老鼠」的拖鞋

　　世界上有半數的人從事著與自己的天性格格不入的職業，而做自己天賦所不擅長的事情往往會徒勞無益，因此失敗的例子數不勝數。

　　「寸有所長，尺有所短」。每人身上都有別人不能及的優勢和長處，如果你把自己的長處完全發揮出來，專注做一件事，你的能力就會成倍增加；你的實力和潛力也會完全顯現出來。

　　每當一個人選擇了適合自己的工作時，這就標誌著人類文明已經發展到了至高境界。只有找到了適合自己的位置時，人們才有可能獲得理想的成功。就像一個火車頭一樣，它只有在鐵軌上才是強大的，一旦脫離軌道，它就寸步難行。

　　著名成功學大師卡內基曾經這樣總結自己的教訓：

　　「當我由密蘇里州的鄉下到紐約去的時候，我進了美國戲劇學院，希望能做一個演員。我當時有一個自以為非常聰明的想法，一條到達成功的捷徑；這個想法非常簡單，也非常完美，所以我不懂得為什麼成千上萬富有野心的人居然沒有發現這一點。這個想法是這樣的，我要去學當年那些有名的演員怎樣演戲，學會他們的優點，然後把每一個人的長處學下來，使自己成為一個集所有優點於一身的名演員。多麼愚蠢！多麼荒謬！我居然浪費了很多時間去模仿別人，最後終於明白，我一定得維持本色，我不可能變成任何人。我對自己說，『你一定得維持你自己的本色，不論你的錯誤有多少，能力多麼有限，你也不可能變成別人。』於是我不再試著做其他所有人的綜合體，而捲起我的袖子來，做了我最先就該做的那件事：我寫了一本關於公開演說的

要當獅子就別與老鼠爭鋒
成功者只做最重要的事

教科書，完全以我自己的經驗、觀察，以一個演說家和一個演說教師的身分來寫。」

卡內基後期取得了成功，是因為他終於明確了自己的社會角色，及時調整了自己的方向，從適合他自己的角度來從事社會活動。

很多人也許會問：什麼是一生的職業？我一生所要從事的職業應該是什麼呢？

如果你的天賦和內心要求你從事木工工作，那麼你就做一個木匠；如果你的天賦和內心要求你從事醫學工作，那麼你就做一個醫生。堅信自己的選擇並進行不懈的努力，你就一定能夠成功。但是，如果你沒有任何內在的天賦，或者內在的呼聲很微弱，那麼，你就應該在你最具適應性的方面和最好的機會上慎重做出選擇。

不必懷疑這個世界是任由你去創造的，真正的成功是在於出色履行自己的職責、扮演好自己的角色，這一點是每一個人都能夠做到的。

富蘭克林說：「有事可做的人就有了自己的產業，而只有從事天性擅長的職業，才會為他帶來利益和榮譽。站著的農夫要比跪著的貴族高大得多。」

一個人的職業比其他任何事情都能更強烈影響到他的生活。一個人的職業使他肌肉結實，身體強壯，思維敏捷，能糾正他的失誤和偏差，激發他的創造潛能；職業使他得以施展才華，使他開始積極生活，激勵他的進取心，讓他覺得自己是個真正的人。

法則六 在正確的時間出現在正確的地點
52 「雄獅」不會穿「老鼠」的拖鞋

　　因此，一個人必須處在真正適合自己優勢的位置上，去完成真正的人所應該完成的工作，去承擔真正的人應該承擔的職責，並表現出真正的人的勇氣與膽識。如果沒有從事這樣的職業，他就不會覺得自己是個真正的人。

　　要把優勢看作是自己的新動力，要正確合理使用，這才是對待自身優勢的應有作法。清晰知曉自己的優勢，把它應用在關鍵的地方，並且要時時注意提高長處的效率。只要不被驕傲和自滿的情緒控制，合理地應用自己的優勢，你在自己的人生旅途上就會一路順風。

53
「和老鼠比賽」是盲目行為

「和老鼠比賽」本身是一種盲目行為，而盲目行事，是許多人之所以不能成大事的關鍵。真正成大事的人都有一個良好的習慣：在做事之前，一定要在正確的時間和地點做出正確的決策。沒有正確的決策，等於已經走向了失敗。

只有善於做出正確的決策，善於變換，才能有效避免盲目行為，這就是「變則通，通則活」的道理。以變應變的習慣是成大事者的行為特徵之一，因為不及時掌握情勢的變化，就會陷入一片盲目之中，最終事倍功半。

你要克服這種劣勢，成大事的夢想就不會落空──只要你願意學習下面所介紹的掌握情勢變化的幾條原則，你就可以克服盲目的行為，並在靈活變通中抓住成功的機會。

第一，不要受制於外在因素。

公司的高級主管，往往受外在因素的影響而動搖決心，無法貫徹命令，完成計畫。因此在現實生活中，你不要受外在壓力如財務、場所等因素的影響，而放棄既定計劃。

如果你必須籌募經費擴充建築，就該負起責任，著手籌款。千萬不要因為經費短缺而放棄你的理想。也許你必須絞盡腦汁，但總有辦

法籌募到足夠的資金，理想常常激發靈感。

許多外在的事物我們無法控制，如通貨膨脹、經濟蕭條等。但是我們可以掌握自己的理想，設法實現。

第二，不要劃地自限。

劃地自限只會影響你行動的決心，使你裹足不前，以致低估了自己的能力。劃地自限，使你降低目標，表現的成績也遠低於實際的潛能。

同時，千萬不要受自築的藩籬或禁閉的思想影響，而放棄追尋理想的勇氣。禁閉思想常讓你產生下面的想法：「這件事情從未成功，現在當然也不可能成功。」「這件事情既然一向這樣處理，當然這樣做是最好的處理方式。」所謂受過良好教育和專業訓練的「行家」，最容易禁閉自己的思想。

第三，不要杞人憂天。

由於人們有「我的努力不會成大事」、「如果我失敗了，別人會嘲笑我」等杞人憂天的想法，許多很好的靈感常因此而不能實現。

如果你有雄心大志和遠大的想法，你一定會遭受批評，你的計畫也會受到嘲笑。千萬不要再為自己製造無謂的困擾，而限制了創造力，終止計畫。

第四，不要因挫敗而放棄努力。

人生就像不停運轉的機器，在它運轉的時候，它的一切部件都處於良好狀態。而一旦某個零部件發生了故障，機器就會停止轉動。人

要當獅子就別與老鼠爭鋒
成功者只做最重要的事

生又何嘗不是如此。

前進的路上始終充滿坎坷與不平，要實現心中理想，挫折和失敗必然與你同行。如果你經不起考驗，很快你將放棄希望退出戰場，也像發生了故障的機器一樣，而慘遭淘汰。

第五，不要害怕失敗。

如果你同時懷著多種恐懼心理，那麼你所要克服的唯一障礙就是害怕失敗。你要記住：「我寧願因努力嘗試而挫敗，也不願意庸庸碌碌虛度光陰。」

我們讚賞人們為了實踐承諾而勇於赴湯蹈火；我們欣賞一個雖然挫敗，但曾全力以赴的人。競選公職的人，也許他的理想十分崇高，旨在服務百姓，但是他必將遭受批評和惡意詆毀，他必須經歷許多掙扎的過程。即使競選失敗，他還是贏得了一場自我的勝戰，他克服了不敢嘗試的恐懼，奮力要達成目標，他就是一位勝利者。

由此可見，挫敗並不表示你永遠無法成大事，挫敗表示你還要花些時間；挫敗並不表示你一無所有，挫敗表示你已經向成功邁出堅實的一步，獲得了成功所要的經驗。

第六，不可只看瑕疵。

一個很好的構想提出來的時候，一般人往往會挑剔瑕疵：「這項計畫太花時間」「這項計畫太耗成本」⋯⋯只看到瑕疵終將扼殺理想。他們看不到發展的潛力，只見到困難重重。問題需要克服而不是任其阻礙計畫的實施。一旦問題成為藉口，你永遠無法成大事。勇於克服困

難，克服缺點，你才能有所成就。

第七，不要懾服於事實。

失業了？千萬不要懾服於失業統計數字。當然，統計數字及利率波動的確會影響你的生活，但是你可以減輕它們的威脅程度。一位著名的心理學家曾說過：「態度比事實更為重要。」你必須保持積極樂觀的態度，千萬不要怕事實的恫嚇。

第八，不要讓朋友替你做決定。

朋友能夠提供建議，能夠與你討論他們的觀點，但是朋友絕對不能替你做最後的決定。只有你自己才能做到這一點，而且要敢於承擔最後決定的後果。執著於你認為該做的事情，忠實於你自己和你的理想，你才能獲得成功。

現代社會是資訊時代，企業的競爭就是技術和資訊的競爭。日常生活中可利用的資訊當然不局限於經濟模式，只要我們思路開闊，及時掌握外界形勢的變化，善於捕捉有價值的資訊，這樣才能避免我們盲目行事，才能有助於我們的事業走向成功。

要當獅子就別與老鼠爭鋒

成功者只做最重要的事

法則七 挑戰吧，成功無極限

　　出類拔萃的傑出人士並不會把成就視為一個固定的終點。這類成功人士最大的特點之一，就在於他們能不斷朝未來邁進，創造新的挑戰，並且對於應該完成的工作具有非常清楚的概念。

54

絕不做「老鼠」那樣的「安全專家」

雨果說：「應該相信，自己是生活的戰勝者。」

一個不敢向高難度挑戰的人，就是對自己的潛能畫地為牢，這只能使自己無限的潛能轉化為有限的成就。與此同時，無知的認識會使你的天賦減弱，因為你像懦夫一樣的所作所為，不配擁有這樣的能力。

一個人，只有具備勇於向「不可能」挑戰的精神，才有獲得成功的可能。

在我們周圍卻有很多這樣的人，他們雖然頗有才學，具備種種能力，但是卻有個致命弱點：缺乏挑戰的勇氣，只願做像「老鼠」那樣遇事謹小慎微的「安全專家」。

他們對不時出現的異常困難的工作，不敢主動發起「進攻」，處處躲避，恨不能避到天涯海角。他們認為：要想保住工作，就要保持熟悉的一切，對於那些頗有難度的事情，還是躲遠一些好，否則，稍有疏忽，就有可能被撞得頭破血流。結果，終其一生，也做不成什麼大事。

一家大公司招聘人才的主管曾說：「我們所急需的人才，是那些具有進取精神，勇於向『不可能』挑戰的人。」具有諷刺意味的是，世

法則七 挑戰吧，成功無極限
54 絕不做「老鼠」那樣的「安全專家」

界上到處都是謹小慎微，滿足現狀、懼怕未知與挑戰的人物，而勇於向「不可能」挑戰的人才，猶如稀有動物一樣，始終供不應求，是人才市場上的「搶手貨」。

在競爭如此激烈的市場環境中，如果你是一個像「老鼠」那樣的「安全專家」，不敢向「不可能」挑戰，那麼，在這樣的市場競爭中，永遠不要奢望有更長遠的發展。當你萬分羨慕那些有著傑出表現的同事，他們深得領導器重並被委以重任時，那麼，你一定要明白，他們的成功絕不是偶然的，他們的成功是有一定代價的。

一九二九年出生在美國的喬・吉拉德，從懂事起就開始擦皮鞋，做報童，然後又做過洗碗工、送貨員等等。三十五歲以前，他只能算一個全盤的失敗者，朋友們也不再理睬他，他還欠了一身的外債，連妻子、孩子的吃喝都成了問題，他先後換過四十多個工作仍然一事無成。為了生存，他開始賣汽車，步入推銷生涯。

每次推銷時，他反覆多次對自己說：「你認為自己行就一定能行。」他相信沒有不可能的事情。他以極大的專注和熱情投入到推銷工作中，他抓住一切機會，推銷自己的產品，同時也推銷他自己。後來，他成為全世界最偉大的推銷員。他被歐美商界稱為「能向任何人推銷出任何商品」的傳奇人物。

喬・吉拉德之所以會取得成功，是因為他在關鍵時刻敢於挑戰「不可能」，他相信只要不自我設限，就不會再有任何限制；突破自我限制，任何事情都不能阻止自己。

要當獅子就別與老鼠爭鋒
成功者只做最重要的事

因此，當一件人人看似「不可能」的艱難工作擺在你面前時，不要抱著「避之而唯恐不及」的態度，更不要花過多的時間去設想最糟糕的結局，不斷重複「根本不能完成」的念頭——這等於在預演失敗。

你應該懷著感恩的心情去主動接受它，用行動積極爭取屬於自己的榮譽。讓周圍的人都知道，你是一個意志堅定，富有挑戰力，做事敏捷的一流人物。這樣一來，你就無須再愁得不到他人的認同了。

面對諸多現實問題，你也許會用「說起來簡單做起來難」來反駁這些思想。其實，很多看似「不可能」的工作，並不沒有你想像得那樣複雜，困難只是被人為地誇大了。當你耐心分析、梳理，把它「普通化」後，你常常可以想出很有條理的解決方案。

而最值得一提的是，要想從根本上克服這種無知的障礙，走出「不可能」這一自我否定的陰影，躋身成功者之列，你必須有充分的自信心。相信自己，用信心支撐自己完成這個在別人眼中不可能完成的工作。你要記住：沒有「不可能」。

相信自己會給予你百倍於平常的能力和智慧。因為「自信的心」能夠打開想像的心鎖，讓你能夠馳騁在理想的空間，而此時此刻，你不會再對他人投注那麼多的驚嘆和質疑。要知道，如果你自己擁有了足夠的自信，同樣也有能力化腐朽為神奇，將「不可能」變為「可能」。

當然，在增強信心的同時，你必須了解這些工作為什麼被譽為「不可能完成」，針對工作中的種種「不可能」，看看自己是否具有一定實力，如果沒有，先把自身功夫做足做硬。須知道，挑戰「不可能

完成」的工作常有兩種結果：成功或失敗。而你的挑戰力往往使兩者只有一線之差，不可不慎。

很多時候，「不可能」讓你故步自封，窩在自己的「小鼠洞」裡不願意去嘗試人生的各種美好，也不願意迎接各種各樣的挑戰。但是只要你鼓起勇氣採取行動，就能夠超越這些限制，朝著自己的夢想和目標大步前進。

雄獅永遠敢於向「不可能」挑戰，你要做一頭雄獅，就不應該做像「老鼠」那樣的「安全專家」。

55
「獅子」絕不讓「老鼠」看笑話

事實上，每個「雄獅」一樣的人物，也都有悲觀的時候，但這只是一時的，他們絕不會讓「老鼠」看自己的笑話。他們會立即運用自己的潛能，深入了解自己，直到能得到自己所追求的。

成功的祕訣就是要清楚了解自己，就是要證實自己，而不能欺騙自己。經常檢查自我認識的狀況，並不斷求得驗證，相信自己的能力，時時勉勵自己向上走。

一個真正的成功者能敏感察覺到自己與他人認識上的差別，而且還清楚認識到產生這種差距的根源所在。一個人要想取得成功，必須從深知自己開始，發現自己、改變自己。

成功者總會不斷拓展自己的潛能以提升自己的價值。布魯斯·金納就是這樣一個人。

一九四九年十月二十八日布魯斯·金納出生於紐約州的奧辛宵，他在愛荷華州格雷斯蘭大學獲得了一筆田徑獎學金。他的教練韋爾頓發現他在體育方面很有前途，動員他練十項全能運動，準備參加奧運會選拔賽。但在聖塔芭芭拉的運動會上，金納的撐桿跳徹底失敗了。

因此，他練習了幾年的步伐完全亂了套。「如果起跳高度不成功，那就全盤皆輸。僅此一項就是一千分。但我起跳的步子錯了，根本沒

有跳起來。我非常難受，說了幾句話就跑出了大門，躲進了一片樹林中大哭了一場。沒跳出成績關係不大，但離奧運會只有一年的時間了。」金納回憶道。

沒等聖塔芭芭拉運動會結束，金納就回到家中思考自己的問題。「我和妻子克麗斯蒂談了幾次。她對我說：『你想在奧運會上拿金牌嗎？在奧運會上取得勝利是不是很重要？那是不是你一生中最重要的事情？』」

無疑，克麗斯蒂的問題打中了要害。

「記得我當時坐在客廳的一張大黑椅子上，我不能回答說是，因為我的腦子很亂。接著我想，還是穩妥一點好，還是繼續保險公司的生意吧。體育不行，就靠別的維生。」

「但我是有取勝的潛力的，取得第二名或第三名，對我都意味著失敗。如果我真的認為那是我一生中最重要的事情，那就不僅僅是在奧運會上取勝的問題，不僅僅是在競技場上的競爭問題。而是把體育當成自己的生命，是自己立志要做的事情。如果失敗，那也就是失去了生命。」

「於是，我對克麗斯蒂說：『是的，奪取金牌確實是我一生中最重要的事情！』」

金納回憶說，他當時覺得心裡就像打開了一個閘門，渾身熱血奔流，力量倍增。「我還是坐那張椅子上，但精神狀態完全變了樣。」

一九七五年八月，金納參加了一個非常重要的運動會，以

要當獅子就別與老鼠爭鋒
成功者只做最重要的事

八千五百二十四分的成績打破了十項全能的世界紀錄。這時離奧運會還有一年時間。

「這是因為我的精神狀態變了，認為『這是我的生命，是我要做的事情』。我參加這次比賽有充分的思想準備。我做完了每一個專案，整個比賽中都發揮得很好！」

「這是我事業上的一個重大變化。由於我遇到了挫折，然後對奧運會失敗的可能性做了認真的考慮，所以才得到了這樣的結果。」

一九七六年，布魯斯 · 金納打破了奧運會男子十項全能運動的世界紀錄，獲得了金牌，並榮獲「世界最佳運動員」稱號，令世人為之震驚。

也許小時候你母親總說你像老鼠那樣膽小怕事；你是否已厭倦了成天躲在自己小窩裡的生活習慣，願意來一次變革？你是否已滿足現有的一點小成就呢？

無論如何，你都要記住查理斯 · 加菲爾德的話：「出類拔萃的傑出人士並不會把成就視為一個固定的終點。這類成功人士最大的特點之一，就在於他們能不斷朝未來邁進，創造新的挑戰，並且對於應該完成的工作具有非常清楚的概念。」

另外，發揮自己的潛能就要盡可能全面思考問題，在思考觀念和方式方法上，有充分的應變能力，這也是成功的重要因素。如果一個人不會全面思考問題，就猶如在跑步機上跑，步子再大，也是原地重複。要反思，要形成正確的思維，便不能不對思維本身有所了解。「雄

獅」正是認識到了這一點，才放棄了悲觀思想，大膽朝前走。

當新的思維跳躍顯現時，那些像「老鼠」一樣的人物總愛拚命尋找他們的不妥之處；即使有所行動，也總是瞻前顧後，哪怕是出現了好的機會，他們還是畏首畏尾，沒有絲毫挑戰的意念，這種人只能走向失敗。

因此，在現實生活中，有一件非常重要的工作，就是破除這些人舊有的不適合的心理障礙。這些心理障礙包括自卑、怕冒險、崇拜權威、刻板等等。克服這些障礙，必須首先認清這些障礙，然後在實際中注意克服。

新規則往往在打破舊規則的同時誕生，新習慣也在破除舊習慣時養成。

你不必終生死守著陳舊的生活模式。無論你是什麼年齡都可以選擇新的道路，大膽去做你過去曾經感到畏懼的事情；無論什麼時候，你都應該放棄曾經有過的悲觀思想，因為你要做「一頭真正的雄獅」。

56
雄獅因善於冒險才有了更多的獵物

在森林裡，雄獅因為善於冒險，敢與比它更兇猛的野獸搏鬥，牠也因此會獲得更多的獵物；而老鼠只會坐在那裡去想如何獲得更多的收穫，卻不敢行動，因為牠害怕冒險。

現實生活中的你是什麼樣的人呢？

你要知道，冒險就是向成功的極致發起挑戰，冒險與收穫常常是結伴而行的。要想有卓越的成果就要敢於冒險，許多成功的人士之所以能夠成為頂尖的人物，正是由於他們敢於向風險挑戰。

靠石油事業一夜之間成為百萬富翁的人中，有位叫保羅・蓋蒂的。似乎幸運的人多半如此，他在年輕時，也受到過許多的挫折。幾經挫敗之後，他以五百美元的便宜價格購得一個礦區，終於挖出石油，此處一天可生產七千桶的石油，所以他立刻變成百萬富翁。當時，周圍的人都以充滿忌妒的口吻說：「保羅真是太幸運了！」

實際上，石油的鑽探並不是那麼容易，鑽一千口井，有石油的大約只有兩百口，而鑽出的石油能夠賣出獲利的只有五口，也就是說僅僅有百分之零點五的機率。再加上鑽探一口油井的經費，真可說是淒慘的連續作戰，不單要有資金，更要有勇氣才行。從這個角度來看，保羅・蓋蒂是有資格成為百萬富翁的。

法則七　挑戰吧，成功無極限
56 雄獅因善於冒險才有了更多的獵物

「不！那只是幸運挖到而已，著手去做成功率低的事，這是有勇無謀。」或許有人會這麼說。

但保羅的情況不同，因為當時鑽油幾乎都不重視所謂的「地質學」，探測師的主流從來都是憑著對土地的靈感來鑽探的，由於如此，他們一聽到地質學，就輕蔑冷笑。可是聰明的保羅不只對土地有靈感，也很努力學習地質學，更仔細聽專家的意見，盡量收集有限的資料選定礦區。結果，他才能掌握幸運，成為百萬富翁。

保羅不只是有冒險心的人，其慎重也可見一斑。換句話說，他已充分了解了冒險心和衝動是不同的。

保羅的經驗告訴我們：雖說為了招來財富，冒險精神是必要的，但絕對不可以衝動。因為冒險與衝動從表面上看起來好像差不多，其實本質上是有天壤之別的。財富絕對不會對懦弱的人微笑，同樣的，對於有勇無謀的「衝動派」也沒什麼興趣。

一位成功人士說：「對於有失去一切的可能性的事業，投注一生的積蓄，那就是有勇無謀。雖然沒有經驗，心生不安，但向藏有新的可能性的工作挑戰，那才是有勇氣的行為。」

對於每個人來說，由貧窮走向富裕需要把握機會，而機會是平等地鋪在人們面前的一條通道。在我們身邊，許多成功者並不一定是比你「會」做，更重要的是他比你「敢」做。

懼怕失敗，不冒風險，平平穩穩地過一輩子，雖然可靠，雖然平靜，雖然可以保住一個「比上不足比下有餘」的人生，但那真正是一

要當獅子就別與老鼠爭鋒
成功者只做最重要的事

個悲哀而無聊的人生，是一個懦夫的人生。其最為痛惜之處在於，你在向那些「老鼠」靠攏，是你自己葬送了自己的潛能。你本來可以摘取成功之果，分享成功的最高喜悅，可是你卻甘願把它放棄了。

與其造成這樣的悔恨和遺憾，不如去勇敢闖蕩和探索；與其平庸過一輩子，不如做一個失敗的英雄。

在職場打拚的工作者們，人人都應具有強烈的競爭意識。「一旦看準，就大膽行動」已成為成功者的經驗之談。甚至有人認為，成為強者的主要因素便是冒險，做人必須學會正視冒險的正面意義，並把它視為成為強者的重要心理條件。

對於行動的成功來說，智者和愚者的差別就在於採取行動的時機——智者早一步，愚者晚一步。準備過頭與準備不足幾乎一樣糟糕。要妥善準備，要抓住成功的機會！除非我們採取行動，設法促使事情發生，否則我們永遠也得不到更多的「獵物」。

57

向自己的弱點挑戰

　　一位哲人曾說；人最難戰勝的是自己。在很多時候，一個人能否成功的關鍵就在於他敢不敢向自己的弱點挑戰。

　　當遇到嚴峻形勢時，人們習慣的做法是像「老鼠」那樣做事小心謹慎，保全自己。而結果呢？不是考慮怎樣發揮自己的潛力，而是把注意力集中在怎樣才能縮小自己的損失上。生活中有很多這樣的人，這種人的結果大都會以失敗而告終。

　　在我們的周圍，大部分人害怕改變，不敢向自己的弱點挑戰。他們甚至將「改變」與「破壞」之間畫上等號。但是舊的不去，新的不來，而要放棄熟悉的舊事物，去適應未知的新事物，的確相當不易。尤其是幾乎所有的改變都曠日持久，並且需要不斷嘗試，這更容易讓人陷於一成不變、固步自封的形式裡。

　　一般人對「改變」的反應如何？對於那些正處於人生轉捩點，並從新方向獲益良多的人們來說，毫無疑問，他們喜歡改變。至於其他人，則拒絕任何改變，而將生命停滯在現階段。大多數人都不願意改變，不敢向自己的弱點挑戰，但是在別無選擇的情況下，卻又不得不做些改變。如果再不求新、求變、就會被時代淘汰了！

　　如果你發現自己總也不敢向弱點挑戰，而是常常躲避它，下面幾

要當獅子就別與老鼠爭鋒
成功者只做最重要的事

種方法也許能幫助你發掘和增強一些人人皆有的勇敢精神。

①堅定自己的理想。

我們都遇見過一些所謂飽經風霜的老前輩，他們似乎「什麼世面都見過」，因此總對我們講一些不可做這不可做那的理由。你有了一個好想法，一句話還沒說完，他們就像消防隊員滅火般向你潑冷水。這種人總能記起過去某時曾有某個人也產生過類似的想法，結果慘遭失敗，他們總是極力勸你不要浪費時間和精力，以免自尋煩惱。

事實上，我們誰也不知道別人的能力限度到底有多大，尤其是在他們懷有激情和理想，並且能夠在困難面前不屈不撓時，他們的能力限度就更難預料。

芭芭拉 · 格羅根指出：「無論做任何事情，開始時，最為重要的是不要讓那些總愛唱反調的人破壞了你的理想。這世界上唱反調的人真是太多了，他們隨時隨地都可能會列舉出千條理由，說你的理想不可能實現。你一定要堅定立場，相信自己的能力，努力實現自己的理想。」

②要行千里，先積跬步。

傑克擔任滑雪教練時，帶領一群新手到陡坡上教他們滑雪，為了幫助這些學員克服畏難情緒，傑克反覆告訴他們不要把整個滑雪過程看成是從山頂到山下，而應將其分解開來，先想著怎樣滑到第一個拐

彎處，再想著滑到下一個拐彎處。

這樣做轉移了學員們的注意力，他們紛紛把注意力放在目前自己能夠做到的事情上，而不是目前做不到的事情上。他們轉了幾道彎之後，信心便增強了。

這個方法對你也同樣有幫助，剛開始做一件事時，不要把注意力放在你所面臨的全盤事務上。先了解一下第一步該怎樣走，而且要確保這第一步你能順利完成。這樣一步一步走下去，你就能走到自己所期望到達的目的地。

③不要說「不要」。

「不要」是一種消極的目標，「不要」會使你不想怎樣卻偏要怎樣，因為你的大腦裡會產生一些不好的圖像，並對其做出相應的反應。

史丹佛大學所做的一項研究表明，大腦裡的某一圖像會像實際情況那樣刺激人的神經系統。舉例來說，當一個高爾夫球手在告誡自己「不要把球打進水裡」時，他的大腦裡往往會浮現出「球掉進水裡」的情景，所以，你不難猜出球會落到何處。

因此，在遇到讓你緊張的情況時，要把注意力集中在你所希望發生的事情上。

④尋找適合自己的方法。

大多數成功者都是那種具有獨到見解的人，他們的思想不受傳統

要當獅子就別與老鼠爭鋒

成功者只做最重要的事

思維的束縛。他們並不是刻意改良舊的傳統做法，而是努力探尋新思路，開創新做法。他們心中有一個十分重要的祕訣，那就是，革命不需要天才，它只需要對傳統的做事方式提出質疑。

⑤從自己的失誤中吸取教訓。

無論你準備得多麼充分，有一件事總是難免的：當你從事某項新事務時，失誤便會伴隨而來。無論是作家、銷售人員，還是運動員，只要他不斷向自己提出挑戰，就難免會出現失誤。

事實上，無論我們選擇試還是不試，時間總會過去。不試，什麼也沒有；試，雖然有風險，但總比空虛度過更有實際意義。這裡有一個讓我們能鼓起勇氣來一試的思維方式，即：可能發生最壞的事情是什麼？

柯德特在紐約市一家公司裡有一個舒適的職位，但是他想當自己的老闆，到新罕布夏經營自己的小生意。他問自己：如果失敗了，最壞的事是什麼呢？他想到了傾家蕩產。然後他繼續問自己同樣的問題：傾家蕩產後最壞的事情是什麼？答案是他不得不幹任何他能得到的工作。之後，最壞的事情可能是他又厭惡這種工作，因為他不喜歡受雇於別人。最終，他會再找一條路子去經營自己的生意。而這一次，有了上一次失敗的教訓，他懂得了如何避免失敗，他就會成功。這樣想過之後，他採取了行動，去經營自己的生意，並真的獲得了成功。

由此可見，勇於冒險求勝，你就能比你想像的做得更多更好。在

法則七 挑戰吧，成功無極限
57 向自己的弱點挑戰

勇於冒風險的過程中，你就能使自己的平淡生活變成激動人心的探險經歷，這種經歷會不斷向你提出挑戰，不斷獎賞你，也會不斷使你恢復活力。

58
雄獅告訴自己：跌倒了，再爬起來

在我們周圍總有這樣一些人，他們似乎對什麼事情都沒有熱情，對生命本身也缺乏激情，他們總愛和「老鼠級」的人物打交道，他們為什麼會這樣呢？

除非一個人的進取心遭受了巨大的挫折，或者因為一些原因在生活中找不到適合自己的位置，否則，他是不會失去生活樂趣的。

當我們發現一個人煩悶和焦慮時，我們能肯定，這個人在生活中遇到了挫折，失敗了。由於某些原因，他覺得自己被理想欺騙了。而一旦失去了進取心，他的很多才能就會失去作用。夢想的破滅給人帶來的痛苦真是無法形容。

明知道自己能做出自己的事業，卻由於環境所迫，經常做著自己討厭的苦工，這需要多麼大的勇氣啊！發覺自己根本不可能實現心中的夢想，想到在以後的日子裡不能找尋一些個人的歡樂，想到自己不能幫助自己身邊所愛的人，而又要默默忍受著那些令人心痛的失望，甚至是絕望，這些都是對人類心靈和意志力的最大考驗。

「跌倒了，再站起來，在失敗中求勝利。」無數成功者都是這樣成功的，這也是對那些即將失去信心的人最好的忠告。

讓我們來看看這樣一則小寓言：

法則七 挑戰吧，成功無極限
58 雄獅告訴自己：跌倒了，再爬起來

一天，狐狸伯伯在樹林裡散步，牠看到一頭小獅子矯健的從自己的身邊跑過。狐狸伯伯急忙喊道：「小獅子，你要去哪裡啊？」

「狐狸伯伯，你有什麼事嗎？」那頭小獅子停住腳步，扭過頭問道。

「小獅子，上個月我去你家的時候，你才剛會走路，現在卻跑得這麼快，你是怎麼學會跑步的？」狐狸伯伯氣喘噓噓地說。

那頭小獅子微笑著說：「哦，跌倒了爬起來，爬起來再跌倒，永遠不要放棄，這樣便會了。我們每頭小獅子都是這樣長大的。」

小獅子說完，和狐狸說了聲再見，一轉眼又消失在樹林裡了。

由此可見，使人成功，使軍隊勝利的，就是這種精神。跌倒並不意味著失敗，跌倒了再爬起來，才能使自己迅速成長起來，這是一種知難而退，退而後進的精神。

因此，要測驗一個人的品格，看他失敗之後的行動是最好的方法。失敗能否激發他新的智慧？能否激發他內心潛在的力量？是讓他有更強的決斷力，還是使他變得心灰意冷呢？

正如愛默生所說：「偉大高貴人物最明顯的標誌，就是他堅定的意志，不管環境變化到何種地步，他的初衷與希望，仍然不會有絲毫的改變，而終將克服障礙，以達到所期望的目的。」

失敗是對一個人人格的考驗，失敗了，你可以先退下來，但你一定要思考更新的方法，重新起步，這樣才不失為明智之舉。

有人這樣認為，已經失敗多年了，再試也沒有多大用處。這種人

要當獅子就別與老鼠爭鋒
成功者只做最重要的事

太自暴自棄了！一個人的意志應該永不屈服，在他看來，無論成功是多麼遙遠，失敗的次數有多少，最後的勝利仍然會屬於他。

世界上有無數人，儘管失去了擁有的全部資產，然而他們並不是失敗者。他們依舊有著不可屈服的意志，有著堅忍不拔的精神，憑藉這種精神，他們依舊能成功。

一位哲人曾說：「失敗，是走上更高地位的開始。」許多人之所以獲得最後的勝利，只是受恩於他們的屢敗屢戰。一個沒有遇見過大失敗的人，根本不知道什麼是大勝利。事實上，只有失敗才能給勇敢者以果斷和決心。

因為有過多次的失敗，才會得到多次的經驗；經過幾次教訓後，才能夠成熟起來。如果不肯承認失敗，就永遠不會有進步。

奧里森 · 馬登曾這樣告誡年輕人：

「我們的身邊有許多人不知道自己到底能做什麼，只會羨慕別人的成功；還有一些人是知道自己該做什麼，但就是做不好。這些人都共同存在一個問題，那就是他們還沒有找到自己身上真正的力量。因此，逆境會像惡魔一樣纏繞在你身邊，引起你的恐慌。但是對逆境存有一種恐慌心理，是沒有用的，對於那些成功者而言，所有的逆境都不是恐怖地帶，而戰勝逆境是在展現自己真正的力量。」

一個人，如果在失敗之後，不去挖掘出自己潛在的力量，不去重新奮戰，那麼等待他的還會是失敗。只有在失敗後發現自己真正能量的人，才能向更高的目標發起挑戰。

59
不要甘於平庸的表現

　　成功取決於主動的態度，成功也是一個長期努力積累的過程，沒有任何事情是一蹴而就的。

　　所謂的主動，指的是隨時準備把握機會，展現超乎他人要求的工作表現，以及擁有「為了完成任務，必要時不惜打破常規」的智慧和判斷力。

　　知道自己工作的意義和責任，並永遠保持一種全力以赴的工作態度，為自己的行為負責，是那些成就大業的人和凡事得過且過的人最根本的區別。明白了這個道理，並以這樣的眼光來重新審視我們的工作，工作就不再是一種負擔，即使是最平凡的工作也會變得意義非凡。

　　對我們來說，工作最重要的是態度問題，這需要有一種發自肺腑的對工作的真愛，因為工作需要熱情和行動，需要努力和勤奮，需要積極主動、全力以赴的精神，只有以這樣的態度對待工作，我們才有可能向成功的極致發起挑戰。

　　工作其實不僅僅是一個簡單的做什麼事、得多少報酬的問題，同時也是一個關於生命的問題。工作需要我們全力以赴，正是為了成就什麼，我們才專注工作，所以從本質上來說，我們工作的目的不僅僅

要當獅子就別與老鼠爭鋒
成功者只做最重要的事

是為了謀生,更是為了實現我們生命的意義!

湯瑪斯・沃森說:「如果你想要達到卓越的境界,那麼你今天就可以達到。不過你得從這一刻開始,摒棄得過且過的惡習才行。」

事實上,我們必須付出巨大的心力才能夠在工作中取得卓越的成績,但是如果只想找個藉口作為自己不全力以赴的理由,那真是不需要費什麼力氣。想要在工作中出類拔萃,就一定要付出相當的代價,沒有什麼捷徑可走。

如果你想在工作中表現卓越,不妨參考以下這幾個方法:

①修補瑕疵。

希望能夠在工作中出類拔萃的人,對於卓越的表現自有一套標準,並且會積極朝著這樣的標準邁進。在這樣的過程當中,他們會逐漸發現有問題的地方,並且會加以修補、調整,然後再繼續努力朝著理想一步一步推進。

細微的瑕疵、不盡完美之處,或是不怎麼理想的成果都有可能出現,這些都是行進過程當中必然的環節。不過在我們朝著卓越進軍的過程中,如果碰到了問題就躊躇不前,或者不去努力更正問題,就很難成功達到卓越的境界。這份修補瑕疵的決心也是卓越和平庸之間的分界線。

②找出你的長處。

法則七 挑戰吧，成功無極限
59 不要甘於平庸的表現

找出自己的長處、才能或是興趣所在，會使你邁向卓越的努力收到事半功倍的效果。

發揮自己的長處能夠讓你的技能愈發精進，一天比一天好，這樣的改善一點一滴的累積起來之後，你的長處將會出現明顯的飛躍。

你所具備的長處還可以協助你突破表現上的瓶頸，以保障自己的事業生涯，提升你對於團隊的價值，並為你更上一層樓做好準備。

③提高自己的標準。

柯林‧鮑威爾說得很對：「要不要全力以赴操縱在我們自己的手上，但是除非我們願意這麼做，否則這種選擇的自由可是一點意義也沒有。」

「你們有沒有全力以赴？」把自己的標準提高吧！建立起一套你自己引以為傲的底線，不要隨便找藉口搪塞。與其降低工作中表現的標準，不如努力發揮自己到極致。

「凡事都要做到最完美的境界，」查斯特菲爾德爵士這樣建議，「雖然大多數情況下，完美的境界幾乎都是可望不可及的。但是只要不屈不撓，至少會越來越接近這個境界，如果只是放任自己的惰性，或者老是垂頭喪氣，那麼很容易就會以各種理由放棄這樣的追求。」

要在工作中不斷追求更高境界，就要把表現的標準提高，超越別人對你的期望，千萬不要甘於平庸的表現。

231

60
不要在自我的小圈子裡打轉

　　人生的路不只一條，對於每個人來說，該走哪條路呢？這就要看他的興趣所在和選取的目標了。在現實生活中，許多人特別重視自己的位置和處境，特別重視工作的條件和待遇。這樣想問題，那就無法面對現實，無法突破環境與條件的局限。

　　如果一個人位置不當，處境不佳，只能用其短而不是用其長，那麼他就會在長久的卑微和失意中沉淪。在這種情況下，一個人必須堅持自己精神的獨立和頑強的追求，而且還要突破環境的局限，開闢自己的路。如果不是堅持走自己的路，那麼即使在順境中也會變得平庸無能，一事無成。

　　由此可見，一個人的位置和處境並不是最重要的，而往哪裡走，走什麼路才是最重要的。有了這樣的信念，你才能突破環境與條件的局限，走自己的路。

　　一個人在某種境遇中，在某個公司裡，在某種職業上，或在某個狹小的圈子裡，可能是個失敗者，但如果跳出這個小圈子，就可能是個成功者。

　　一八六五年，美國南北戰爭宣告結束，北方工業資產階級戰勝了南方種植園主，但林肯總統被刺身亡。全美國處於矛盾之中，既為統

法則七 挑戰吧，成功無極限
60 不要在自我的小圈子裡打轉

一美國的勝利而歡欣鼓舞，又因失去了一位可敬的總統而無限悲慟。

當時的卡內基卻看到了另一面。他預料到，戰爭結束之後，經濟復蘇必然降臨，經濟建設對於鋼鐵的需求量便會與日俱增。於是他義無反顧辭去鐵路部門報酬優厚的工作，合併由他主持的兩大鋼鐵公司——都市鋼鐵公司和獨眼巨人鋼鐵公司，創立了聯合製鐵公司。

恰在此時，美國擊敗了墨西哥，奪取了加利福尼亞州，決定在那裡建造一條鐵路，同時，美國也在規劃修建橫貫大陸的鐵路。

聯邦政府與議會首先核准聯合太平洋鐵路，再以它所建造的鐵路為中心線，核准另外三條橫貫大陸的鐵路線。但一切遠非如此簡單，縱橫交錯的各種相連的鐵路建設申請紛紛提出，竟達數十萬之多，美洲大陸的鐵路線革命時代即將來臨。

「美洲大陸現在是鐵路時代、鋼鐵時代，需要建造鐵路、火車頭、鋼軌，鋼鐵是一本萬利的。」卡內基這樣思索。

不久，卡內基向鋼鐵發起進攻。同時，卡內基買下了英國道茲工程師「兄弟鋼鐵製造」專利，又買下了「焦炭洗滌還原法」的專利。

他這一做法不乏先見之明，否則，卡內基的鋼鐵事業就會在不久的經濟大蕭條中成為犧牲品。

一八七三年，經濟大蕭條後的境況不期而至。銀行倒閉，證券交易所關門，各地的鐵路工程支付款突然被中斷，現場施工戛然而止，鐵礦山及煤山相繼歇業，匹茲堡的爐火也熄滅了。

卡內基斷言：「只有在經濟蕭條的年代，才能以便宜的價格買到鋼

要當獅子就別與老鼠爭鋒
成功者只做最重要的事

鐵廠的建材，工資也相應便宜。其他鋼鐵公司相繼倒閉，向鋼鐵挑戰的東西部企業家也已鳴金收兵，這正是千載難逢的好機會，絕不可以失之交臂。」

於是在最困難的情況下，卡內基卻反常人之道，打算建造一座鋼鐵製造廠。

他爭取股東們的同意，開始全面著手於鋼鐵製造業。一八七五年九月六日，卡內基收到第一個訂單——兩千支鋼軌。熔爐點燃了。每噸鋼軌的製成勞務費是八點二六元，原料四十點八六元，石灰石和燃料是六點三一元，專利費一點一七元，總成本不過才五十六點六元。這比原先的預計便宜多了。卡內基為此興奮不已。

一八八一年，卡內基與焦炭大王佛里克達成協議，雙方投資組建F·C佛里克焦炭公司，各持一半股份。同年，卡內基以自己的三家製鐵企業為主體，聯合許多小焦炭公司，成立了卡內基公司，他的事業也有了更長遠的發展方向。

卡內基正是憑藉自己獨特的眼光，突破傳統思維的局限，走出了一條屬於自己的陽光大道。

人在生活中有成功也有失敗。然而，傳統觀念使人們注意從失敗中吸取教訓，而不注意對成功的研究，所以失敗在人的心理上留下的印痕更深。倘若一個人失敗的次數多了，就容易把自己看得一無是處。

因此，我們需要客觀認識自我。客觀認識自我固然很困難，但是

作為一個想成就大業的人，對自己首先要有一個正確的認識，這也是最起碼的要求。一個全面而客觀的自我認識應該包括成功和失敗兩部分。一旦把視野拓寬或換一個角度來看，就會突然發現一個完全不同的自我。

心理學家羅伯特 · 安東尼的話會給我們更多的啟示：

「將自己的每一條優點都列出來，以讚賞的眼光看看他們。經常看，最好背下來。將注意力集中於自己的優點，你會在心裡樹立信心：你是一個有價值、有能力、與眾不同的人。無論什麼時候，你只要做對一件事，就要提醒自己記住這一點，甚至為此酬謝自己。」

61
選擇了目標,就要不顧一切去挑戰

一頭雄獅絕不會接受小老鼠的挑戰,因為這種挑戰無法讓它的身心得到滿足,它本身會向更兇猛的動物發起挑戰,它知道這才是強者與強者之間的較量。

對於我們而言,既然已經選擇了向更高的目標發起挑戰,就要記住自己的責任。無論面對怎樣的困難,都要對自己的工作負責,不要用任何藉口來為自己開脫或搪塞。只要你選擇了和強手比賽,就應該不顧一切去爭取勝利。

鋒士・隆巴第是美國橄欖球運動史上一個偉大的橄欖球隊教練。在鋒士・隆巴第的帶領下,美國綠灣橄欖球隊成為美國橄欖球史上最令人驚異的球隊,創造出令人難以置信的成績。

在每次比賽前,鋒士・隆巴第都會告訴球隊的隊員:「我只要求一件事,就是勝利。如果不把目標定在非勝不可,那比賽就沒有意義了。不管是打球、工作、思想,一切的一切,都應該『非勝不可』。」

他還這樣說:「比賽就是不顧一切。你要不顧一切拚命地向前沖。你不必理會任何事、任何人,接近得分線的時候,你更要不顧一切。沒有東西可以阻擋你,就是戰車或一堵牆,或者是對方有十一個人,都不能阻擋你,你要衝過得分線!」

正是有了這種堅強的意志和頑強的信心，綠灣橄欖球隊取得一個又一個的勝利。在比賽中，他們的腦海裡除了勝利還是勝利。對他們而言，勝利就是目標，為了目標，他們果斷採取行動，鍥而不捨，沒有抱怨，沒有畏懼，沒有退縮，不找任何藉口。

因此，為使你的夢想存活下來，你也必須消除任何藉口對你的消極影響，你所能採取的最重要步驟就是從事那些增強你信念的行動，你可以採取一些具體的行動來加強自己的信念。

①目標確定之後，立即行動。

在一件事情開始的時候，你或許感覺到自己不是很勇敢，也不是很自信。然而，只要你連續不斷努力，你必將生出那種感覺並變得自信，它將植入你的靈魂深處。每次行動會增強你的自尊心和自信心。你再也不會坐著，等著，渴望奇蹟的發生，你本身就是奇蹟的創造者，隨著你自尊心的增強，你就會意識到自己的夢想是能夠實現的。

②客觀評價自己的能力，發掘未被開發的潛力。

《鑽石寶地》一書的作者拉塞爾‧H‧康維爾指出：「普通人只開發了他們的潛在智慧的一部分。」也就是說，我們還遠沒有運用自身全部的能力，我們內心還有巨大的潛力未被開發出來，我們還可以做更多的事情，成為更成功的人——認識到這一點非常重要。

③把注意力集中在那些可能性上。

你應當把注意力集中在那些可能性上，以此來克服消極的想法。但是這裡強調的是，你的可能性絕不能停留在「和老鼠比賽」的高度上。你可以設想一個具有挑戰性的目標，這時你可能會對自己說：「我怎麼會實現自己的目標呢？它的規模太大了，要實現它簡直是太困難了，這是不可能的！我在想些什麼呀？」

這些聽起來是不是非常熟悉？也許大多數人都不止一次地和這種自我對話鬥爭過。為了擺脫這種藉口，當這些想法產生時，就立即將這些想法替換為下面的一種對話：「我知道我的目標是可以實現的，因為其他人在此之前就已經做過。我下定決心要讓它得以實現，我願意做必要的一切來實現自己內心的想法。」

你感覺到這兩種想法的不同了嗎？如果你長時間地徘徊在第一種想法上，你就有麻煩了。如果採用第二種思維方式就能立即改變你的思路，將你帶入一個充滿可能性的新世界。

④消除恐懼和冒險。

恐懼是在做出改變時的自然反應。它或許是人們開始做任何新事情時猶豫不決的一個藉口，人們也因而傾向於選擇生活中原來的模式——安全、舒適和熟悉的環境。

能夠認識到每個人在開拓新領域時都會產生恐懼的心理是非常重

要的。因為恐懼是我們所有人的一種自然生理反應，它使我們意識到我們需要準備應付或是需要逃避某些事情了。

為了戰勝恐懼，我們必須挖掘什麼是我們最害怕的。只有找到產生恐懼的根源，冒一些風險，我們才能真正建立起自信。

⑤預見成功。

想像事情將來會是什麼樣子，不僅僅要思考，還要積極認識它。當這種想像過程定向了之後，就是眾所周知的預見。在想成就的事業實現之前預見它，這是眾多成功者最強有力的策略，他們運用預見的景象重新點燃他們的熱情，明確他們的目標，增強他們的信念。

要產生清晰而強烈的景象，你需要充分發揮你豐富的想像力。同樣的，當你在向一個目標努力時，你應完全按照你的想像和期望的那樣，盡可能預見你實現它的每一個細節和幻象。

當你將自己的預見變得相當強烈，以至於當你真正實現自己的目標後，你會有這樣一種似曾經歷過的感覺：「難道我以前沒有經歷過此事？」是的，你在想像中已經歷過千遍萬遍了，而每想像一次，這種經歷就向真實靠近了一步。

⑥從失敗中學習。

每件事的發生都是有原因的，而且這些原因最終會為你服務。你遇到的每一個困境都可能得到同等或更大的收益，而一旦你有了這種

要當獅子就別與老鼠爭鋒
成功者只做最重要的事

信念，你就會情不自禁從這種經歷中學習，而且還能促使你對未來充滿希望。

　　馬丁‧科爾曾這樣說：「對於你的夢想能否實現，真正有影響的觀點是你自己的觀點。其他人消極的想法只是反映了他們自身相對於事情的局限性，而不是你的局限性。當一個夢想與你的目標達成一致，激發你的熱情，啟發你去計畫，去堅持，直至你能實現它時，這個夢想就不是不現實的了。相反，期望有這種動力和信念的人不會取得成功，那才是不現實的。」

62
「我的位置在最高處」

每當太陽從地平線上升起，草原上的獅子就開始尋覓牠們的食物——斑馬或者羚羊了。在攻擊這些高大動物的過程中，獅子不斷提高自己的奔跑速度和能力，牠在不斷向更高的目標挑戰。

同樣，一個人的成就也並沒有一條終點線。有時，你縱然可以達到一個里程碑，激勵自己有繼續走下去的動力，但是還要時刻提醒自己，別在各種誘惑的影響下停滯不前。

有時，在一些誘惑的影響下，人們往往會逐漸安於平庸，放棄具有挑戰性的標準，而這樣會使你逐漸等同於一隻「老鼠」。你本身是「雄獅」，你有自己的大志向，因此你要放寬眼界，將自己的期望提升到嶄新的領域，你要努力挑戰自己能力的極限，並且掌握新的契機，這樣才能避免「和老鼠比賽」。

鋼鐵大王卡內基在一八八五年對柯里商業學院的畢業生演講上，這樣告誡年輕人：「假如你們都得到了聘用，而且都有了良好的開端，那我對你們的忠告是：『要胸懷大志』。對那些尚未把自己看成是某重要公司的合夥人或領導人的年輕人，我會不屑一顧。你們在思想上一刻也不要滿足於充當任何企業的首席職員、領班或總經理，不管這家企業有多大。你們要對自己說：『我的位置在最高處。』你們要夢寐以

要當獅子就別與老鼠爭鋒
成功者只做最重要的事

求登峰造極。」

那麼，你現在位於最高處嗎？你想達到登峰造極的境界嗎？如果答案是肯定的，你就永遠不要「和老鼠比賽」，你要像雄獅一樣發出怒吼：「老鼠，滾開！」

你有自己的激情與夢想，你要讓自己的熱血沸騰起來。讓我們看看賽車之父安素 · 法拉利是如何去做的吧！

一八九八年，法拉利出生於義大利北部的莫迪那，從小就熱愛汽車冒險，十三歲便開始獨自駕車。一九一九年法拉利參加了他生命中的第一次汽車比賽，表現出色，被阿爾法 · 羅米歐公司吸收為阿爾法 · 羅米歐車隊的車手。

一九二○年，二十二歲的法拉利憑藉自己的才智和努力，在阿爾法 · 羅米歐汽車公司從事跑車設計方面已初露鋒芒。不久，由他領導的法拉利跑車設計小組便揚名於汽車製造業。此後，年輕有為、血氣方剛的法拉利，不僅成為了一名跑車設計專家，還成為了義大利有名的賽車隊長，在賽車場上他連續奪魁，震動了整個義大利。從那時起，法拉利就相信了車輪的價值。

一九四七年，法拉利創建了自己的汽車製造廠，並且開始以自己的名字命名所生產的汽車，並且很快就生產出了超一流的跑車。從此，他的事業就更無法和驚心動魄的汽車大賽分離了。

法拉利的名牌跑車是經過多次失敗的考驗才生產出來的。在初期的世界汽車大賽中，法拉利設計的 F1 型賽車曾發生過令人慘不忍睹的

事故，甚至殃及了很多觀眾。當時梵蒂岡的報紙激烈指責他是「現代惡魔」。然而，每當法拉利賽車取得勝利的時候，車迷們就似乎忘掉了過去的一切，狂熱的稱法拉利為「魔術師」。

世界上有很多畫家，但並不是所有的畫家都能成為梵谷和畢卡索；世界上會唱歌的人更多，但沒有幾個人能夠比得上帕華洛帝；世界上有多如牛毛的汽車製造商，但產品品質能夠達到法拉利跑車水準的只有一家。法拉利跑車超越了交通工具的範疇，成為藝術傑作。法拉利公司像其他汽車公司一樣製造車身和引擎，但在裝配線的末端卻誕生了一件藝術品，高貴得沒有幾個人能夠擁有。

安素‧法拉利八十九歲那年，仍未停止工作，他仍然像鋼針那樣尖銳，每天都要去上班，維護著他的法拉利跑車王國。對他來說，這已經不是工作，而是他的生命。這位義大利超級跑車製造企業家、法拉利汽車公司的創始人，於一九八八年八月十四日在義大利北部摩納城的家中去世，享年九十歲。

毋庸置疑，當今法拉利跑車已經成為事業成功者生活奢華的象徵。安素‧法拉利逝世之後，當時的義大利總理深情的說：「我們失去的是一位能夠象徵義大利年輕蓬勃、敢於冒險、不屈不撓以及在技術領域銳意進取的楷模型人物。」

在當今高速發展的社會，你也許無法達到法拉利的高度，但是應該看到他那種敢於冒險、不屈不撓的個性元素。你要把自己的獨特性充分展現出來，這會使你出人意料走在眾人之前，爭取到本應屬於你

要當獅子就別與老鼠爭鋒
成功者只做最重要的事

的那份幸運。

「沿著你自己最深刻傾向和最強烈特性的路線前進，並仍然忠實於體現自己人性的可能。」這是莫里斯對獨特性的注釋，他認為獨特性是人與人之間的差別。他說：「個人之間的差別很大，很頑強，也很重要。」

獨特性是人的生命力的個體標識。在我們與人打交道時，在我們為群體、為他人服務時，並不意味著應該把自己混同於別人，也沒有必要強求自己完全化解到人群裡去。即使要體現人的共性，仍然是以自己認為最合適的方式表達為好，這樣才能把自己具有的「強烈特性」和自我發展與社會發展融為一體，使自己成為「一頭驕傲的雄獅」。

在這個競爭的時代，不僅是才能的競爭，更是個性的競爭。我們要張揚自己的獨特性，除了自我凝聚、甘於寂寞外，還需要勇氣。勇氣是為智慧與才幹開路的先導，是向高壓與陳規挑戰的利劍，是和權威和強手較量的能源。

我們只有敢於與習慣勢力決裂，敢於和那些「老鼠級」的人物相悖，才有可能發現新奇之路，才有可能站在最高處。

法則七 挑戰吧，成功無極限
62 「我的位置在最高處」

國家圖書館出版品預行編目（CIP）資料

要當獅子就別與老鼠爭鋒：成功者只做最重要的事 / 王郁陽，暖光源工
作室著 . -- 第一版 . -- 臺北市：崧燁文化, 2020.07
　　面；　公分
POD 版

ISBN 978-986-516-271-9(平裝)

1. 成功法 2. 生活指導

177.2　　　　　　　　　　　　　　　109009193

書　　名：要當獅子就別與老鼠爭鋒：成功者只做最重要的事
作　　者：王郁陽、暖光源工作室 著
發 行 人：黃振庭
出 版 者：崧燁文化事業有限公司
發 行 者：崧燁文化事業有限公司
E - m a i l：sonbookservice@gmail.com
粉 絲 頁：　　　　　　網址：
地　　址：台北市中正區重慶南路一段六十一號八樓 815 室
8F.-815, No.61, Sec. 1, Chongqing S. Rd., Zhongzheng
Dist., Taipei City 100, Taiwan (R.O.C.)
電　　話：(02)2370-3310 傳　真：(02) 2388-1990
總 經 銷：紅螞蟻圖書有限公司
地　　址: 台北市內湖區舊宗路二段 121 巷 19 號
電　　話:02-2795-3656 傳真 :02-2795-4100　　網址:
印　　刷：京峯彩色印刷有限公司（京峰數位）

定　　價：320 元
發行日期：2020 年 07 月第一版
◎ 本書以 POD 印製發行

獨家贈品

親愛的讀者歡迎您選購到您喜愛的書，為了感謝您，我們提供了一份禮品，爽讀 app 的電子書無償使用三個月，近萬本書免費提供您享受閱讀的樂趣。

ios 系統　　　　　　安卓系統　　　　　讀者贈品

請先依照自己的手機型號掃描安裝 APP 註冊，再掃描「讀者贈品」，複製優惠碼至 APP 內兌換

優惠碼（兌換期限 2025/12/30）
READERKUTRA86NWK

爽讀 APP

📖 多元書種、萬卷書籍，電子書飽讀服務引領閱讀新浪潮！

🎧 AI 語音助您閱讀，萬本好書任您挑選

🔍 領取限時優惠碼，三個月沉浸在書海中

🔔 固定月費無限暢讀，輕鬆打造專屬閱讀時光

不用留下個人資料，只需行動電話認證，不會有任何騷擾或詐騙電話。